INTRODUCTION

Bienvenue dans le monde de la programmation Rust, une aventure passionnante au croisement de la sécurité, de la performance et de la concurrence. Si vous cherchez un langage qui allie puissance et fiabilité tout en vous protégeant des erreurs courantes de programmation, ne cherchez pas plus loin. Rust est conçu pour offrir une expérience de développement exceptionnelle en éliminant des bogues notoires tels que les pointeurs nuls et les conflits de données. Que vous souhaitiez créer des systèmes d'exploitation, des moteurs de jeu ou des applications à hautes performances, Rust vous offre les outils nécessaires pour maîtriser chaque aspect de votre code. Rejoignez-nous dans cette exploration où la précision et la modernité se rencontrent pour donner vie à vos idées les plus audacieuses.

CHAPITRE UN

Pourquoi Rust ?

Rust est bien plus qu'un simple langage de programmation. C'est une réponse aux défis modernes en matière de développement logiciel, combinant ingénieusement des performances élevées avec une sécurité de premier ordre. Voici quelques raisons clés pour lesquelles Rust se distingue :

Sécurité avant tout : Rust a été conçu dès le départ pour éliminer les erreurs de programmation courantes telles que les pointeurs nuls et les fuites de mémoire. Son système de propriété unique garantit que les erreurs sont capturées à la compilation, éliminant ainsi de nombreux bogues potentiels et réduisant les vulnérabilités.

Performance sans compromis : Malgré son emphasis sur la sécurité, Rust ne sacrifie en rien les performances. Son système de gestion de la mémoire permet un contrôle fin sur les ressources, évitant ainsi les surcoûts de gestion de la mémoire présents dans certains autres langages.

Parallélisme et concurrence : Rust facilite la programmation parallèle et concurrentielle grâce à des garanties de sécurité statique. Les threads peuvent partager des données en toute confiance, car le système de propriété évite les conflits de données et les courses critiques.

Conception moderne : Rust intègre des concepts modernes de programmation tels que la correspondance de motifs, les itérateurs et les types génériques. Cela facilite l'écriture de code propre, expressif et modulaire.

Écosystème en croissance : La communauté Rust est en pleine expansion, ce qui signifie un accès à une multitude de bibliothèques, d'outils et de ressources d'apprentissage. Vous pouvez rapidement trouver des solutions aux problèmes courants grâce à cette richesse d'informations.

Polyvalence : Rust est adapté à une variété d'applications, allant des systèmes d'exploitation aux applications Web en passant par les jeux vidéo. Sa flexibilité en fait un choix solide pour une grande gamme de projets.

Engagement envers l'avenir : La fondation Rust et la communauté s'engagent activement à améliorer et à faire évoluer le langage. Cela garantit que Rust restera pertinent et à jour face aux évolutions technologiques.

Brève histoire et contexte de Rust

L'histoire captivante de Rust remonte au début des années 2000, lorsque Mozilla, l'organisation derrière le navigateur Firefox, a entrepris un voyage pour créer un langage de programmation novateur. La mission était ambitieuse : concevoir un langage qui puisse rivaliser avec les performances du langage C et C++, tout en éliminant les vulnérabilités courantes liées à ces langages.

Le langage Rust trouve ses racines dans le projet de recherche de Graydon Hoare, qui a débuté en 2006. Au fil des années, Rust a évolué grâce à la contribution et à la rétroaction de développeurs du monde entier. Le projet a bénéficié de la collaboration de programmeurs, de chercheurs et d'experts en sécurité, qui ont tous contribué à façonner le langage en ce qu'il est aujourd'hui.

L'une des caractéristiques clés de Rust est son système de propriété, introduit pour la première fois en 2010. Ce système a été conçu pour résoudre le problème des erreurs de gestion de la mémoire, l'un des principaux points faibles des langages de programmation traditionnels. En utilisant des concepts tels que la propriété, l'emprunt et la durée de vie, Rust a réussi à éliminer les risques de pointeurs nuls, de fuites de mémoire et de conflits de données.

En 2015, Rust a atteint un jalon majeur avec la version 1.0, marquant sa première version stable et prête pour une utilisation en production. Depuis lors, Rust a connu une croissance exponentielle de sa communauté et de son écosystème. De nombreuses entreprises et projets open source adoptent Rust pour ses avantages uniques en matière de sécurité et de performance.

Avec le temps, Rust est devenu bien plus qu'un simple langage de programmation. C'est une déclaration d'intention en faveur de la création d'un code sûr, performant et concurrentiel. Le langage continue de s'améliorer grâce aux mises à jour régulières et à l'engagement continu de la communauté. À mesure que Rust se fraye un chemin vers l'avenir, il reste un exemple frappant de la puissance de la collaboration et de l'innovation dans le domaine de la technologie.

Mise en place de l'environnement de développement Rust

La mise en place d'un environnement de développement Rust est une étape cruciale pour commencer à explorer ce langage puissant et innovant. Voici un guide complet pour vous aider à démarrer :

Installation du compilateur Rust :

Pour commencer, vous devez installer le compilateur Rust, appelé **rustc**, ainsi que le gestionnaire de paquets **Cargo**, qui facilite la gestion des dépendances et la compilation de projets.

Configuration de l'environnement :

Une fois l'installation terminée, ouvrez un nouveau terminal. Vous pouvez vérifier si Rust et Cargo sont installés en tapant les commandes suivantes :

rustc --version

cargo --version

Création d'un nouveau projet :

Utilisez Cargo pour créer un nouveau projet Rust. Ouvrez un terminal et exécutez la commande suivante :

cargo new MonProjet

Cela créera un répertoire appelé **MonProjet** contenant la structure de base d'un projet Rust.

Exploration du projet :

Naviguez dans le répertoire du projet que vous venez de créer. Vous y trouverez un fichier **Cargo.toml**, qui contient les métadonnées du projet et les dépendances. Le répertoire **src** contient le fichier **main.rs**, qui est le point d'entrée de votre programme.

Compilation et exécution :

Utilisez Cargo pour compiler et exécuter votre programme. Accédez au répertoire de votre projet et exécutez la commande suivante :

cargo run

Cargo s'occupera de compiler le code et de gérer les dépendances, puis exécutera votre programme.

Développement en cours :

Vous pouvez maintenant commencer à éditer le fichier **main.rs** dans le répertoire **src**. Utilisez un éditeur de texte ou un environnement de développement intégré (IDE) pour travailler sur votre code.

Ajout de dépendances :

Si vous avez besoin d'utiliser des bibliothèques tierces, modifiez le fichier **Cargo.toml** en ajoutant les dépendances sous la section **[dependencies]**.

Documentation et ressources :

La documentation officielle de Rust est une excellente ressource pour apprendre les bases du langage et explorer

LOUIS BOIS

des sujets avancés. Vous pouvez également trouver des didacticiels, des cours en ligne et des communautés de développeurs pour obtenir de l'aide et des conseils.

Installation de Rust et Cargo

Pour commencer votre aventure dans le monde de la programmation Rust, il est essentiel d'installer les outils de base : le compilateur Rust et le gestionnaire de paquets Cargo. Suivez ces étapes pour une installation en toute simplicité :

1. Téléchargement du Compilateur Rust et Cargo : Rendez-vous sur le site officiel de Rust à l'adresse pour obtenir les instructions détaillées en fonction de votre système d'exploitation. Rust prend en charge une variété de plateformes, y compris Windows, macOS et différentes distributions Linux.

2. Installation : Suivez les instructions spécifiques à votre système d'exploitation pour installer Rust et Cargo. Le processus d'installation varie d'une plateforme à l'autre, mais il est généralement assez simple et bien guidé.

3. Vérification de l'installation : Une fois l'installation terminée, ouvrez un nouveau terminal et exécutez les commandes suivantes pour vérifier que Rust et Cargo sont correctement installés :

rustc --version

cargo –version

4. Configuration de l'environnement : Rust et Cargo s'occupent généralement de la configuration de l'environnement par défaut. Cependant, assurez-vous que les répertoires d'exécution des outils sont inclus dans votre variable d'environnement PATH.

5. Mise à jour : Pour vous assurer de disposer des dernières fonctionnalités et améliorations, il est recommandé de maintenir Rust et Cargo à jour. Utilisez les commandes suivantes pour mettre à jour ces outils :

rustup update

cargo install --force cargo-update

cargo install cargo-edit

6. Prêt à programmer : Une fois Rust et Cargo installés, vous êtes prêt à commencer à programmer en Rust. Vous pouvez créer de nouveaux projets, gérer les dépendances et compiler votre code en toute simplicité à l'aide de Cargo.

7. Ressources supplémentaires : Pour faciliter votre apprentissage, consultez la documentation officielle de Rust à l'adresse. Cette ressource complète vous guidera à travers les concepts fondamentaux du langage.

Comprendre les bases de la syntaxe Rust

La syntaxe de Rust offre une combinaison élégante de puissance et de sécurité, reflétant les principes du langage. Voici un aperçu complet des bases de la syntaxe Rust :

1. Déclarations et Variables :

- Pour déclarer une variable, utilisez le mot clé **let**. Par exemple : **let x = 5;**.

- Rust est fortement typé, mais il peut souvent déduire les types de variables de manière implicite.

- Les variables sont par défaut immuables, mais vous pouvez les rendre mutables avec le mot clé **mut**.

2. Types de Données :

- Les types primitifs incluent **i32**, **u64**, **f32** pour les entiers signés 32 bits, les entiers non signés 64 bits, les nombres à virgule flottante 32 bits, etc.

- Le type **bool** représente les valeurs booléennes

true ou **false**.

- Les chaînes de caractères sont définies avec des doubles guillemets : **"Bonjour, Rust!"**.

3. Structures de Contrôle :

- Les conditions sont définies avec **if**, **else if** et **else**.
- Les boucles peuvent être créées avec **loop**, **while** et **for**.

4. Fonctions :

- Vous pouvez définir des fonctions avec le mot clé **fn**.
- Les fonctions peuvent prendre des paramètres et retourner des valeurs.
- L'utilisation du mot clé **return** est facultative. La valeur de la dernière expression évaluée dans la fonction est renvoyée.

5. Possession, Emprunt et Durées de Vie :

- Le système de possession de Rust assure qu'une seule partie du code a accès à une donnée à la fois.
- Les emprunts permettent de partager temporairement une référence à une valeur sans en prendre possession.
- Les durées de vie déterminent la portée de validité des références.

6. Structures de Données :

- Les tableaux sont définis avec [...] et les vecteurs avec **vec![]**.
- Les tuples sont des séquences hétérogènes de valeurs, tandis que les structures sont des enregistrements nommés.

7. Correspondance de Motifs :

- La correspondance de motifs est utilisée pour déstructurer des valeurs complexes.
- C'est souvent utilisé avec **match** pour gérer différents cas.

8. Gestion d'Erreur :

- Rust favorise le retour de résultats **Result** pour gérer les erreurs.
- Les valeurs **Ok** représentent des opérations réussies, tandis que les valeurs **Err** représentent des erreurs.

9. Modules et Paquets :

- Les modules organisent le code en groupes logiques.
- Les paquets regroupent des modules en une unité compilable.

10. Commentaires :

- Utilisez // pour les commentaires monolignes et /* ... */ pour les commentaires multilignes.

Comprendre la propriété, l'emprunt et les durées de vie en Rust

La propriété, l'emprunt et les durées de vie sont des concepts fondamentaux dans Rust qui garantissent la sécurité et la performance du langage. Voici un guide complet pour saisir ces concepts essentiels :

1. Propriété :

- Le système de propriété de Rust garantit qu'une seule variable (ou propriétaire) a accès à une donnée à la fois.

- Lorsqu'une valeur est attribuée à une autre variable, la propriété est transférée. Cela évite les problèmes de double libération ou de fuite de mémoire.

- Les types de données de Rust, comme les chaînes, sont gérés via la propriété.

2. Emprunt :

- L'emprunt permet de partager temporairement une référence à une valeur sans en prendre possession.

- Les emprunts peuvent être mutables ou immuables. Un emprunt mutable permet de modifier la valeur, tandis qu'un emprunt immuable ne permet que la lecture.

- Cela permet d'éviter la duplication inutile de données tout en maintenant la sécurité.

3. Durées de Vie :

- Les durées de vie déterminent la portée de validité d'une référence dans le code.

- Elles garantissent que les références restent valides aussi longtemps que nécessaire, évitant ainsi les références invalides.

- Les durées de vie sont généralement abrégées comme **'a**, **'b**, etc.

4. Règles de la Propriété et des Emprunts :

- Rust garantit qu'à tout moment, il n'y ait qu'une seule des trois options : plusieurs emprunts immuables, un seul emprunt mutable, ou la propriété.

- Lorsqu'un emprunt mutable est en cours, aucun autre emprunt (mutable ou immuable) n'est autorisé pour éviter les conflits de données.

- Les règles de durée de vie empêchent les références d'être utilisées après que les données qu'elles référencent ont été libérées.

5. Fonctions et Emprunts :

- Les paramètres de fonction peuvent être passés par référence en utilisant les emprunts.

- Les emprunts permettent de manipuler des données sans les déplacer, évitant ainsi le coût de la copie.

6. Références et Structures de Données :

- Les références permettent d'accéder aux données d'une structure sans les déplacer.

- Les structures de données contenant des références doivent être soigneusement conçues pour maintenir la validité des durées de vie.

Règles de propriété et leur prévention des erreurs de programmation courantes en Rust

Les règles de propriété sont l'épine dorsale du système de sécurité de Rust, qui garantit la gestion sûre des ressources et prévient les erreurs courantes de programmation. Comprendre ces règles est essentiel pour écrire du code robuste. Voici un aperçu détaillé de ces règles et comment elles évitent les erreurs :

1. Règle de la propriété unique :

- Rust autorise une seule variable (ou propriétaire) à posséder une ressource à la fois.
- Lorsqu'une valeur est attribuée à une autre variable, la propriété est transférée, empêchant ainsi toute utilisation concurrente.

2. Transfert de propriété :

- Lorsqu'une valeur est transmise à une autre variable ou une fonction, le premier propriétaire perd l'accès.
- Cela évite les problèmes de double libération de mémoire, typiques des langages sans gestion de la mémoire automatisée.

3. Emprunt :

- Les emprunts permettent de partager temporairement une référence à une valeur sans en prendre possession.
- Rust permet soit des emprunts immuables (lecture seule), soit un seul emprunt mutable (lecture et modification), mais pas les deux en même temps.

4. Règle de l'emprunt mutable :

- À un moment donné, il ne peut y avoir qu'un seul emprunt mutable à une ressource.
- Cela prévient les conflits de données et les races critiques, assurant la sécurité en évitant les modifications concurrentes.

5. Durées de Vie :

- Les durées de vie garantissent que les références restent valides pendant la durée nécessaire.

- Cela empêche les références d'être utilisées après la libération des données qu'elles pointent.

6. Élimination des pointeurs nuls :

- Grâce aux règles de propriété, les pointeurs nuls et les références invalides sont pratiquement éliminés.

- Rust garantit que toutes les références sont toujours valides et pointent vers des données existantes.

7. Prévention des fuites de mémoire :

- Les règles de propriété et de gestion automatisée de la mémoire garantissent qu'une fois qu'une valeur n'a plus de propriétaire, elle est automatiquement libérée.

8. Sécurité et performance :

- En empêchant les erreurs de programmation courantes, Rust évite les plantages et les vulnérabilités.

- Cette sécurité n'entraîne pas de surcoûts de performances, car Rust effectue des vérifications à la compilation plutôt qu'à l'exécution.

Références et Références Mutables en Rust

Les références et les références mutables sont des concepts clés dans le système de propriété de Rust. Ils permettent de manipuler des données tout en garantissant la sécurité et l'absence de conflits. Voici une explication complète de ces concepts :

1. Références (Emprunts immuables) :

- Une référence est une manière de faire référence à

une valeur sans en prendre possession.

- Elles sont créées en utilisant le symbole **&** suivi du nom de la variable, par exemple : **let reference = &valeur;**.

- Les références permettent la lecture des données, mais empêchent toute modification.

2. Références Mutables (Emprunts mutables) :

- Une référence mutable permet de modifier les données auxquelles elle fait référence.

- Elles sont créées en utilisant **&mut**, par exemple : **let reference_mutable = &mut valeur;**.

- Une seule référence mutable peut exister à la fois pour une valeur donnée.

3. Utilité des Références et Références Mutables :

- Les références immuables permettent de partager les données sans risque de modification accidentelle.

- Les références mutables permettent de modifier les données tout en respectant les règles de propriété et de durée de vie de Rust.

4. Règles de Propriété avec les Références :

- Les références immuables peuvent coexister autant que nécessaire.

- Une référence mutable ne peut pas coexister avec d'autres références (immuables ou mutables) pour éviter les conflits de données.

5. Éviter les Erreurs de Compilations :

- Le système de propriété de Rust, en combinant les références et les références mutables, évite les erreurs de compilation telles que les pointeurs nuls, les courses critiques et les données invalides.

6. Durées de Vie avec les Références :

- Les références ont des durées de vie, représentées par des annotations **'a**, **'b**, etc.

- Les durées de vie déterminent la portée pendant laquelle une référence est valide, évitant les références invalides.

7. Utilisation Responsable des Références Mutables :

- Les références mutables doivent être utilisées avec précaution pour éviter les courses critiques et les erreurs de concurrence.

- Le respect des règles de durée de vie et des emprunts mutables garantit la sécurité de ces opérations.

Les traits Copy et Clone en Rust

En Rust, les traits Copy et Clone sont essentiels pour comprendre comment les valeurs sont copiées et clonées, ainsi que pour gérer la gestion des propriétés et des références. Voici une explication approfondie de ces deux traits :

1. Le Trait Copy :

- Le trait Copy est appliqué aux types qui sont simplement copiés en mémoire lorsque vous attribuez une valeur à une autre variable.

- Les types primitifs comme les entiers, les booléens et les caractères implémentent le trait Copy.

- Lorsqu'une valeur avec le trait Copy est assignée à une autre variable, une copie complète de la valeur est créée. Les deux variables sont ensuite totalement indépendantes.

2. Le Trait Clone :

- Le trait Clone est utilisé pour créer explicitement des copies profondes de valeurs.

- Différent du trait Copy, il permet aux types de données plus complexes (comme les collections) de spécifier comment se cloner correctement.

- Pour utiliser le trait Clone, une valeur doit être explicitement clonée en appelant la méthode **clone()**.

3. Différences entre Copy et Clone :

- Les types avec le trait Copy ne peuvent pas avoir de méthode **clone()** car ils sont simplement copiés en mémoire.

- Les types avec le trait Clone peuvent personnaliser la logique de clonage en implémentant leur propre version de **clone()**.

4. Utilisation des Traits :

- Les types avec le trait Copy sont idéaux pour des situations où vous voulez simplement dupliquer une valeur sans se soucier des implications.

- Les types avec le trait Clone sont utilisés lorsque des copies profondes sont nécessaires, par exemple pour éviter de partager involontairement des références.

5. Implémentation Personnalisée de Clone :

- Les développeurs peuvent implémenter le trait Clone pour leurs propres types personnalisés.

- Cela permet de contrôler le processus de clonage et

d'assurer la validité des données.

CHAPITRE DEUX

Les Types de Données Primitifs en Rust

Les types de données primitifs en Rust constituent les éléments de base pour construire des programmes. Ils englobent des valeurs simples et fondamentales qui forment le socle du langage. Voici un aperçu détaillé de ces types primitifs :

1. Entiers :

- Les entiers représentent les nombres entiers.
- Les types d'entiers signés sont : **i8, i16, i32, i64, i128**.
- Les types d'entiers non signés sont : **u8, u16, u32, u64, u128**.

2. Nombres à Virgule Flottante :

- Les nombres à virgule flottante représentent les nombres décimaux.
- Les types sont : **f32** (simple précision) et **f64** (double précision).

3. Booléens :

- Le type **bool** a deux valeurs : **true** et **false**.
- Utilisé pour représenter des valeurs de vérité.

4. Caractères :

- Le type **char** représente un seul caractère Unicode.
- Les caractères sont entourés de guillemets simples : **'a'**, **'5'**, **'€'**.

5. Tuples :

- Les tuples sont des collections hétérogènes de valeurs.
- Les types de données peuvent être mélangés : **(i32, f64, char)**.

6. Tableaux :

- Les tableaux sont des collections homogènes de valeurs de même type.
- Définis avec **[...]**, par exemple : **[1, 2, 3]**.

7. Vecteurs :

- Les vecteurs sont des collections dynamiques, similaires aux tableaux.
- Créés avec **vec![...]**, par exemple : **vec![1, 2, 3]**.

8. Pointeurs de Fonction :

- Les pointeurs de fonction sont utilisés pour stocker des adresses de fonctions.
- Utiles pour la programmation avancée et les callback.

9. Pointeurs de Référence :

- Les pointeurs de référence (**&**) permettent d'emprunter des valeurs sans les posséder.
- Utilisés pour les emprunts immuables.

10. Pointeurs Mutables :

- Les pointeurs mutables (**&mut**) permettent d'emprunter des valeurs pour modification.

- Utilisés pour les emprunts mutables.

Les Types de Données Composés en Rust

En plus des types de données primitifs, Rust propose des types de données composés qui permettent de regrouper des valeurs de différents types pour former des structures plus complexes. Ces types de données composés offrent une flexibilité et une expressivité accrues lors de la création de programmes. Voici un aperçu détaillé de ces types :

1. Structures (struct) :

- Les structures permettent de créer des types de données personnalisés en regroupant différentes valeurs sous un même nom.

- Chaque champ de la structure a un nom et un type associé.

- Elles sont utiles pour représenter des objets plus complexes, comme les coordonnées, les utilisateurs, etc.

2. Énumérations (enum) :

- Les énumérations permettent de définir un type qui peut avoir plusieurs valeurs différentes, appelées variantes.

- Chaque variante peut avoir des données associées ou non.

- Elles sont couramment utilisées pour gérer des situations où une valeur peut prendre plusieurs formes, comme les jours de la semaine, les états d'une machine, etc.

3. Tableaux et Vecteurs :

- Les tableaux et les vecteurs sont des collections de

valeurs de même type.

- Les tableaux ont une taille fixe déterminée à la compilation, tandis que les vecteurs sont dynamiques et peuvent changer de taille.
- Ils sont utilisés pour stocker des séquences de données homogènes.

4. Tuples :

- Les tuples sont des collections hétérogènes de valeurs.
- Chaque élément d'un tuple peut avoir un type différent.
- Ils sont utiles lorsque des valeurs de types variés doivent être regroupées ensemble.

5. Slices :

- Les slices sont des références à une partie d'un tableau ou d'un vecteur.
- Ils permettent de manipuler et de traiter des parties spécifiques de collections sans effectuer de copies.

6. Chaînes de Caractères (String) :

- Le type **String** est utilisé pour stocker des chaînes de caractères dynamiques.
- Il permet de manipuler des textes de longueurs variables.

7. Tableaux Associatifs (HashMap) :

- Les tableaux associatifs sont des collections de paires clé-valeur, où chaque clé est unique.
- Le type **HashMap** permet de stocker et de récupérer des données basées sur une clé.

8. Pointeurs de Fonctions :

- Les pointeurs de fonctions sont utilisés pour stocker des adresses de fonctions.

- Ils sont utilisés pour des opérations avancées de programmation, telles que les rappels et les passerelles.

Les Chaînes de Caractères en Rust et Leurs Différences par Rapport à d'Autres Langages

Les chaînes de caractères sont un élément essentiel de la programmation moderne, et Rust propose une approche unique pour gérer les chaînes de caractères tout en garantissant la sécurité et la performance. Voici un examen approfondi des chaînes de caractères en Rust et de leurs différences par rapport à d'autres langages :

1. Chaînes de Caractères en Rust :

- En Rust, la principale représentation des chaînes de caractères est le type **String**.

- Les chaînes de caractères sont dynamiques et peuvent être modifiées en taille.

- Les chaînes de caractères sont encodées en UTF-8 par défaut, ce qui permet de gérer des caractères de plusieurs octets.

2. Différences par Rapport à d'Autres Langages :

- **Sécurité et Propriété :** Rust garantit la sécurité en empêchant les erreurs telles que les dépassements de tampon et les fuites de mémoire, courantes dans d'autres langages.

- **Vérification de la Longueur :** Les chaînes de caractères en Rust incluent des métadonnées pour suivre leur longueur, ce qui évite les problèmes de longueur incorrecte.

- **Accès aux Caractères** : En Rust, l'accès aux caractères individuels d'une chaîne est sûr grâce à l'encodage UTF-8, prévenant les erreurs d'indexation.

- **Clonage et Propriété** : En Rust, les chaînes de caractères sont généralement clonées plutôt que partagées pour éviter les problèmes de propriété.

- **Emprunts de Chaînes** : Rust propose des "slices" (**&str**) qui sont des emprunts immuables de chaînes existantes. Cela permet de manipuler des parties spécifiques sans copier toute la chaîne.

- **Conversions** : Rust encourage la conversion explicite entre les types de chaînes pour éviter les erreurs de conversion implicite coûteuses.

3. Manipulation des Chaînes :

- Les opérations de manipulation des chaînes peuvent être plus verboses en Rust en raison de l'accent sur la sécurité.

- Les macros comme **format!** et **println!** offrent des fonctionnalités de formatage et d'interpolation similaires à d'autres langages.

4. Gestion des Erreurs :

- Les opérations de manipulation des chaînes en Rust retournent souvent des résultats (**Result**) pour gérer les erreurs, favorisant les pratiques de programmation robustes.

5. Bibliothèques de Chaînes :

- Rust propose également des bibliothèques

externes, comme **regex** pour les expressions régulières, pour compléter les opérations de manipulation de chaînes.

Les Énumérations et la Correspondance de Motifs (Pattern Matching) en Rust

Les énumérations et la correspondance de motifs sont des fonctionnalités puissantes de Rust qui permettent de gérer de manière élégante des structures de données complexes et de prendre des décisions basées sur différents cas. Voici un examen approfondi des énumérations et de la correspondance de motifs en Rust :

1. Énumérations (enum) :

- Les énumérations sont des types de données personnalisés qui peuvent avoir plusieurs valeurs possibles, appelées variantes.

- Chaque variante peut avoir des données associées ou non.

- Les énumérations sont définies avec le mot clé **enum**.

2. Utilisation des Énumérations :

- Les énumérations sont utiles lorsque différentes valeurs sont liées entre elles conceptuellement, comme les jours de la semaine, les états d'une machine, etc.

- Elles sont également utilisées pour gérer les valeurs de retour d'une fonction lorsqu'il y a plusieurs scénarios possibles.

3. Correspondance de Motifs (Pattern Matching) :

- La correspondance de motifs est une technique

pour décomposer des valeurs complexes en parties plus petites et les comparer avec des modèles.

- En Rust, elle est réalisée avec l'expression **match**.

4. Utilisation de la Correspondance de Motifs :

- Le **match** permet de gérer différents cas possibles de manière exhaustive.

- Il est utilisé pour déterminer la variante d'une énumération ou la valeur associée.

5. Avantages de la Correspondance de Motifs :

- La correspondance de motifs rend le code plus lisible en regroupant les cas logiques.

- Elle garantit l'exhaustivité et évite les erreurs en obligeant à traiter tous les cas possibles.

- Elle permet une gestion plus sûre des valeurs sans risque de pointeurs nuls.

6. Correspondance de Motifs avec des Données Associées :

- Lors de la correspondance de motifs avec des énumérations ayant des données associées, les valeurs associées peuvent être extraites et utilisées dans le code.

7. Motif _ (Underscore) :

- L'underscore _ est utilisé comme joker pour ignorer certains cas dans la correspondance de motifs.

8. Correspondance de Motifs Complexes :

- La correspondance de motifs peut être imbriquée et utilisée pour traiter des structures de données complexes de manière élégante.

Les Instructions Conditionnelles en Rust

Les instructions conditionnelles sont des outils fondamentaux dans la programmation, permettant d'exécuter différentes parties de code en fonction de conditions spécifiques. En Rust, les instructions conditionnelles offrent des fonctionnalités puissantes pour prendre des décisions basées sur des valeurs booléennes. Voici un aperçu complet des instructions conditionnelles en Rust :

1. L'instruction if :

- L'instruction **if** permet d'exécuter un bloc de code si une condition est vraie.

- La condition est une expression booléenne qui est évaluée pour déterminer si le bloc de code doit être exécuté.

2. L'instruction if-else :

- L'instruction **if-else** étend l'instruction **if** en permettant d'exécuter un bloc de code si la condition est vraie et un autre bloc si elle est fausse.

3. L'instruction if-else if-else :

- L'instruction **if-else if-else** permet de gérer plusieurs conditions et d'exécuter le bloc de code associé à la première condition vraie.

4. Opérateurs Logiques :

- Les opérateurs logiques (**&&**, **||**, **!**) sont utilisés pour combiner des conditions ou inverser leur valeur.

5. L'Opérateur Ternaire :

- Rust n'a pas d'opérateur ternaire (**? :**), mais l'instruction **if** peut être utilisée pour obtenir des résultats similaires.

6. Correspondance de Motifs (Pattern Matching) :

- La correspondance de motifs peut être utilisée pour gérer des conditions complexes et multiples de manière élégante.

7. Instructions Conditionnelles à l'Intérieur d'Expressions :

- Rust permet d'utiliser des instructions conditionnelles dans des expressions, ce qui rend le code plus concis.

8. Exemple d'Instructions Conditionnelles en Rust :

```
let age = 25;

if age < 18 {
    println!("Mineur");
} else if age >= 18 && age < 65 {
    println!("Majeur");
} else {
    println!("Senior");
}
```

Les Boucles en Rust

Les boucles sont des structures essentielles en programmation, permettant d'exécuter un bloc de code de manière répétée jusqu'à ce qu'une condition soit remplie. En Rust, les boucles offrent une variété d'options pour contrôler l'exécution répétée du code. Voici un examen approfondi des boucles en Rust :

1. La Boucle loop :

- La boucle **loop** exécute en permanence un bloc de code jusqu'à ce qu'elle soit interrompue manuellement.
- Elle est utilisée lorsque la condition de fin n'est pas immédiatement évidente.

2. L'instruction break :

- L'instruction **break** est utilisée pour sortir immédiatement d'une boucle, quelle que soit la condition.

3. La Boucle while :

- La boucle **while** exécute un bloc de code tant qu'une condition spécifiée est vraie.
- Elle est utilisée lorsque la condition doit être vérifiée avant chaque itération.

4. La Boucle for :

- La boucle **for** est utilisée pour parcourir des collections, comme les tableaux, les vecteurs et les plages.
- Elle est souvent préférée pour sa clarté et sa simplicité.

5. Utilisation de l'instruction continue :

- L'instruction **continue** permet de passer immédiatement à l'itération suivante d'une boucle, en ignorant le reste du bloc de code pour cette itération.

6. Utilisation de for pour la Correspondance de Motifs :

- La boucle **for** peut être utilisée avec la correspondance de motifs pour décomposer des collections de manière élégante.

7. Boucles Infinies Contrôlées :

- Les boucles **loop** peuvent être utilisées pour créer des boucles infinies contrôlées qui s'arrêtent en fonction de certaines conditions.

8. Exemple de Boucles en Rust :

```
let mut count = 0;

while count < 5 {
    println!("Compteur : {}", count);
    count += 1;
}

for number in 1..=5 {
    println!("Nombre : {}", number);
}
```

Les Instructions break, continue et return en Rust

Les instructions **break**, **continue** et **return** sont des éléments importants en programmation, offrant des moyens de contrôler le flux d'exécution et de sortir des boucles ou de fonctions. En Rust, ces instructions jouent un rôle clé dans la gestion des itérations et des retours de fonctions. Voici un examen approfondi de ces instructions en Rust :

1. L'instruction break :

- L'instruction **break** est utilisée pour sortir immédiatement d'une boucle.

- Elle permet de quitter la boucle et de passer à l'instruction suivante après la boucle.

- Elle est souvent utilisée pour mettre fin à une

boucle lorsqu'une condition est remplie.

2. L'instruction continue :

- L'instruction **continue** est utilisée pour passer immédiatement à l'itération suivante d'une boucle, en ignorant le reste du bloc de code pour cette itération.

- Elle permet de sauter des itérations spécifiques qui ne nécessitent pas de traitement.

3. L'instruction return :

- L'instruction **return** est utilisée pour quitter une fonction et renvoyer une valeur.

- Elle peut être utilisée à tout moment à l'intérieur d'une fonction pour terminer l'exécution de la fonction et renvoyer une valeur au point d'appel.

4. Utilisation de break pour Sortir d'une Boucle :

```
let mut count = 0;

while count < 5 {
    if count == 3 {
        break; // Sortir de la boucle
    }
    println!("Compteur : {}", count);
    count += 1;
}
```

5. Utilisation de continue pour Passer à l'itération Suivante :

```
for number in 1..=5 {
    if number == 3 {
        continue; // Passer à l'itération suivante
```

```
}
    println!("Nombre : {}", number);
}
```

6. Utilisation de return pour Renvoyer une Valeur :

```
fn multiply(a: i32, b: i32) -> i32 {
    return a * b; // Renvoyer le résultat de la multiplication
}
```

7. Combinaison avec des Structures Conditionnelles :

- Ces instructions peuvent être combinées avec des structures conditionnelles (**if**, **else**) pour créer des flux de contrôle plus complexes.

Gestion des Erreurs avec Result et Option en Rust

La gestion des erreurs est une partie cruciale de la programmation, et en Rust, les types **Result** et **Option** offrent des mécanismes solides pour traiter les scénarios où des erreurs peuvent se produire ou lorsqu'une valeur peut être absente. Voici un examen approfondi de la gestion des erreurs avec **Result** et **Option** en Rust :

1. Type Result :

- Le type **Result<T, E>** est utilisé pour représenter une opération réussie (**Ok**) qui renvoie une valeur de type **T**, ou une erreur (**Err**) qui renvoie une valeur de type **E**.

- Il est couramment utilisé pour des opérations qui peuvent échouer, comme l'ouverture de fichiers, la conversion de types, etc.

2. Manipulation des Erreurs avec Result :

- Les valeurs **Result** sont gérées avec des

expressions **match** ou des méthodes comme **unwrap**, **expect** et **?** (opérateur de propagation d'erreur).

3. Type Option :

- Le type **Option<T>** est utilisé pour représenter une valeur optionnelle, qui peut être soit **Some(T)** (valeur présente), soit **None** (valeur absente).

- Il est utilisé pour éviter les pointeurs nuls et les situations où une valeur peut être manquante.

4. Manipulation des Options avec Option :

- Les valeurs **Option** sont également gérées avec des expressions **match** ou des méthodes telles que **unwrap**, **expect** et **?**.

5. L'Opérateur ? (Propagation d'Erreur) :

- L'opérateur **?** permet de propager automatiquement les erreurs vers le point d'appel actuel.

- Il est souvent utilisé pour simplifier la gestion des erreurs en évitant un code excessivement verbeux.

6. Manipulation d'Erreurs avec la Correspondance de Motifs :

- La correspondance de motifs est utilisée pour décomposer les valeurs **Result** et **Option** et gérer différents cas.

7. Exemple d'utilisation de Result et Option :

```
use std::fs::File;
use std::io::Read;

fn read_file_contents(filename: &str) -> Result<String,
```

```
std::io::Error> {
    let mut file = File::open(filename)?;
    let mut contents = String::new();
    file.read_to_string(&mut contents)?;
    Ok(contents)
}
```

Définition et Appel de Fonctions en Rust

Les fonctions jouent un rôle central dans la structuration du code en modules réutilisables et en séparant la logique en blocs distincts. En Rust, la définition et l'appel de fonctions sont réalisés d'une manière cohérente avec l'accent mis sur la sécurité et la performance. Voici un examen approfondi de la définition et de l'appel de fonctions en Rust :

1. Définition de Fonctions :

- Les fonctions en Rust sont définies à l'aide du mot clé **fn**.

- Elles peuvent prendre des paramètres en entrée et renvoyer une valeur en sortie.

- Le type de retour d'une fonction est spécifié après la flèche ->.

2. Signature de Fonction :

- La signature d'une fonction comprend son nom, ses paramètres et son type de retour.

- Les types de paramètres et de retour peuvent être spécifiés explicitement ou inférés par le compilateur.

3. Appel de Fonctions :

- Les fonctions sont appelées en utilisant leur nom suivi des arguments entre parenthèses.

- L'appel de fonction peut être utilisé dans des expressions plus larges ou comme déclaration autonome.

4. Fonctions avec Valeur de Retour :

- Les fonctions peuvent renvoyer une valeur en utilisant l'instruction **return**.

- La valeur renvoyée est spécifiée à la fin de la fonction et doit correspondre au type de retour déclaré.

5. Fonctions sans Valeur de Retour :

- Les fonctions peuvent ne pas renvoyer de valeur en spécifiant le type de retour (), également appelé "unit type".

6. Utilisation de return et Expressions de Retour :

- La dernière expression évaluée dans une fonction est automatiquement renvoyée, donc l'utilisation de **return** peut être omise dans certains cas.

7. Fonctions avec Effets de Bord :

- Les fonctions peuvent avoir des "effets de bord" qui modifient l'état en dehors de la fonction, par exemple en imprimant à la console.

8. Fonctions avec Paramètres Mutables :

- Les paramètres mutables (**&mut**) permettent aux fonctions de modifier les valeurs des arguments passés.

9. Fonctions Récursives :

- Rust prend en charge les fonctions récursives, où

une fonction s'appelle elle-même.

10. Exemple de Définition et d'Appel de Fonction en Rust :

```
fn add(a: i32, b: i32) -> i32 {
    return a + b;
}

fn main() {
    let result = add(5, 3);
    println!("Résultat : {}", result);
}
```

Paramètres et Valeurs de Retour de Fonction en Rust

Les paramètres et les valeurs de retour de fonction sont des éléments clés de la programmation modulaire, permettant aux fonctions de communiquer entre elles de manière structurée. En Rust, la gestion de ces éléments suit les principes de sécurité et de performance inhérents au langage. Voici un examen approfondi des paramètres et des valeurs de retour de fonction en Rust :

1. Paramètres de Fonction :

- Les paramètres de fonction permettent de fournir des données à une fonction lors de son appel.

- Ils sont spécifiés entre parenthèses lors de la définition de la fonction et peuvent avoir des types explicites ou inférés.

2. Utilisation de Paramètres :

- Les paramètres permettent à une fonction d'accepter des données variables pour effectuer des opérations.

- Les paramètres peuvent être utilisés dans le corps de la fonction comme des variables locales.

3. Arguments lors de l'Appel de Fonction :

- Lors de l'appel d'une fonction, les arguments sont fournis entre parenthèses et doivent correspondre aux paramètres définis.

4. Valeurs de Retour de Fonction :

- Les fonctions en Rust peuvent renvoyer des valeurs en utilisant l'instruction **return**.
- Le type de retour est spécifié après la flèche -> dans la signature de la fonction.

5. Utilisation de Valeurs de Retour :

- Les valeurs renvoyées par les fonctions peuvent être utilisées dans des expressions plus larges ou affectées à des variables.

6. Unit Type (Type ( )) :

- Le type () est également appelé "unit type" et représente l'absence de valeur ou une valeur vide.
- Il est utilisé pour spécifier l'absence de valeur de retour, similaire à **void** dans d'autres langages.

7. Fonctions avec Paramètres Mutables :

- Les paramètres mutables (**&mut**) permettent aux fonctions de modifier les valeurs des arguments passés.

8. Exemple d'utilisation de Paramètres et de Valeurs de Retour en Rust :

```
fn multiply(a: i32, b: i32) -> i32 {
    return a * b;
}
```

```
fn main() {
    let result = multiply(5, 3);
    println!("Résultat : {}", result);
}
```

Les Closures en Rust et Leurs Cas d'Utilisation

Les closures sont des fonctionnalités puissantes en programmation, permettant de capturer un environnement et de créer des fonctions anonymes avec des comportements flexibles. En Rust, les closures offrent une manière élégante et sûre de manipuler des fonctions en tant qu'objets de première classe. Voici un examen approfondi des closures en Rust et de leurs cas d'utilisation :

1. Définition des Closures :

- Les closures sont des fonctions anonymes qui peuvent capturer des variables de leur environnement.

- Elles sont définies avec une syntaxe concise utilisant des barres verticales (|).

2. Capturer des Variables avec des Closures :

- Les closures peuvent capturer des variables locales de leur environnement, permettant de les utiliser à l'intérieur de la closure.

3. Utilisation de Closures :

- Les closures peuvent être utilisées comme des valeurs, passées comme arguments à d'autres fonctions ou stockées dans des structures de données.

4. Avantages des Closures :

- Les closures offrent une manière concise de définir des comportements spécifiques.

- Elles permettent de créer des fonctions à la volée sans avoir à définir une fonction nommée.

5. Cas d'Utilisation des Closures :

- **Fonctions de Retour** : Les closures sont utiles pour renvoyer des fonctions conditionnelles ou générées dynamiquement en fonction de l'environnement.

- **Itérations** : Les méthodes de haut niveau comme **map**, **filter** et **fold** utilisent souvent des closures pour définir des transformations ou des conditions.

- **Gestion d'Événements** : Dans les interfaces graphiques, les closures sont utilisées pour traiter les événements comme les clics de souris.

- **Capturer l'État** : Les closures peuvent capturer l'état local et l'utiliser même après la sortie de la portée d'origine.

6. Exemple d'Utilisation de Closures en Rust :

```
fn main() {
    let multiplier = |x| x * 2;
    let result = multiplier(5);
    println!("Résultat : {}", result);
}
```

Création et Organisation de Modules en Rust

Les modules sont une composante fondamentale de la structuration de code en Rust, permettant d'organiser et de regrouper des fonctionnalités connexes pour améliorer la lisibilité et la réutilisabilité. Les modules facilitent également la gestion de projets de grande envergure. Voici un examen approfondi de la création et de l'organisation de modules en Rust :

1. Création de Modules :

- Un module est créé en utilisant le mot-clé **mod**.
- Les modules peuvent être déclarés dans le même fichier source ou dans des fichiers séparés.

2. Hiérarchie de Modules :

- Les modules peuvent être imbriqués pour créer une hiérarchie de modules.
- Cela permet d'organiser le code en sous-groupes logiques.

3. Visibilité des Éléments :

- En Rust, par défaut, les éléments (fonctions, structs, etc.) dans un module sont privés (**private**), c'est-à-dire qu'ils ne sont pas accessibles en dehors du module.
- Pour rendre un élément public (**public**), le mot-clé **pub** est utilisé.

4. Utilisation de Modules :

- Les éléments d'un module peuvent être utilisés dans d'autres modules en spécifiant le chemin complet ou en utilisant la déclaration **use**.

5. Modules Externes :

- Les modules peuvent être définis dans des fichiers séparés et importés dans le module actuel à l'aide du mot-clé **mod**.
- Cela facilite la séparation du code en fichiers

distincts pour une meilleure organisation.

6. Fichier mod.rs :

- Les dossiers qui contiennent des modules externes ont souvent un fichier **mod.rs** pour déclarer les modules contenus dans le dossier.

7. Modules Pré-définis :

- Rust possède des modules pré-définis, tels que **std** pour la bibliothèque standard, qui contiennent des fonctionnalités couramment utilisées.

8. Exemple d'Organisation de Modules en Rust :

```rust
// Dans le fichier lib.rs

mod geometrie {
    mod point;
    mod ligne;
}

// Dans le fichier geometrie/point.rs

pub struct Point {
    pub x: f64,
    pub y: f64,
}
```

CHAPITRE TROIS

Définition et Utilisation des Structs en Rust

Les structs (structures) sont des composants essentiels de la programmation orientée objet en Rust, permettant de créer des types de données personnalisés avec des attributs. En utilisant les structs, les développeurs peuvent modéliser des objets du monde réel et encapsuler des données et des fonctionnalités connexes. Voici un examen approfondi de la définition et de l'utilisation des structs en Rust :

1. Définition de Structs :

- Les structs sont des types de données personnalisés créés à l'aide du mot-clé **struct**.

- Ils permettent de définir des attributs (champs) qui représentent des données associées.

2. Utilisation des Structs :

- Une fois définis, les structs peuvent être instanciés en créant des objets (instances) de ce type.

- Les champs des structs sont accessibles avec la notation **nom_de_l_instance.champ**.

3. Initialisation des Structs :

- Les champs des structs peuvent être initialisés à l'aide de valeurs spécifiques lors de la création d'une instance.

4. Mutabilité des Instances :

- Par défaut, les champs des instances de struct sont immuables.

- Si une instance est déclarée comme mutable avec **mut**, ses champs peuvent être modifiés.

5. Possibilité d'Utilisation d'Initialisateurs de Champs :

- Rust offre la possibilité d'utiliser des initialisateurs de champs nommés lors de la création d'instances.

6. Structs Anonymes (Tuple Structs) :

- Les tuple structs sont des structs qui n'ont pas de noms de champs, mais seulement des types.

7. Comparaison avec les Classes en Programmation Orientée Objet :

- En Rust, les structs sont similaires aux classes dans d'autres langages orientés objet, mais elles ne peuvent pas contenir de méthodes par défaut.

8. Exemple de Définition et d'Utilisation de Struct en Rust :

```
struct Point {
    x: f64,
    y: f64,
}

fn main() {
    let origin = Point { x: 0.0, y: 0.0 };
    println!("Point d'Origine : x = {}, y = {}", origin.x, origin.y);
}
```

Mise en Œuvre de Traits et Utilisation des Implémentations par Défaut en Rust

Les traits sont l'une des fonctionnalités fondamentales de Rust, permettant de définir des comportements communs que les types peuvent partager. Les implémentations de traits permettent d'ajouter ces comportements à des types spécifiques. De plus, Rust permet d'utiliser des implémentations par défaut pour simplifier la mise en œuvre de traits. Voici un examen approfondi de la mise en œuvre de traits et de l'utilisation des implémentations par défaut en Rust :

1. Définition de Traits :

- Les traits définissent un ensemble de méthodes ou de comportements que les types peuvent implémenter.

- Ils sont déclarés à l'aide du mot-clé **trait**.

2. Implémentation de Traits :

- Pour qu'un type puisse utiliser un trait, il doit implémenter (ou "adérer à") ce trait en fournissant une implémentation des méthodes du trait.

- Les implémentations de trait sont réalisées à l'aide du mot-clé **impl**.

3. Utilisation de Traits :

- Les types qui implémentent un trait peuvent utiliser les méthodes définies dans ce trait comme s'ils étaient natifs à ce type.

- Cela permet d'ajouter des fonctionnalités spécifiques à un type sans avoir à les écrire pour chaque type individuellement.

4. Implémentations Par Défaut :

- Rust permet de fournir des implémentations par défaut pour les méthodes d'un trait.

- Les types qui implémentent ce trait peuvent choisir de les utiliser telles quelles ou de les substituer par des implémentations personnalisées.

5. L'Opérateur super pour les Implémentations Par Défaut :

- L'opérateur **super** est utilisé pour appeler les implémentations par défaut des méthodes de trait lors de la substitution.

6. Utilisation de Traits pour le Polymorphisme :

- Les traits sont utilisés pour créer du polymorphisme en Rust, permettant de traiter différents types de manière uniforme.

7. Exemple d'Implémentation de Trait et d'Implémentations Par Défaut :

```
trait Forme {
    fn aire(&self) -> f64;
}

struct Rectangle {
    largeur: f64,
    hauteur: f64,
}

impl Forme for Rectangle {
    fn aire(&self) -> f64 {
        self.largeur * self.hauteur
```

```
    }
}

fn main() {
    let rect = Rectangle { largeur: 10.0, hauteur: 5.0 };
    println!("Aire du Rectangle : {}", rect.aire());
}
```

Exploration des Traits Standards de Rust

Les traits standard de Rust sont une collection de traits pré-définis qui fournissent des comportements courants pour divers types. Ces traits sont intégrés à la bibliothèque standard de Rust et sont largement utilisés pour ajouter des fonctionnalités aux types de données personnalisés. Voici un examen approfondi des traits standard de Rust :

1. Trait Clone :

- Le trait **Clone** permet de cloner une valeur, créant une copie indépendante de celle-ci.

- Il est utilisé pour les types dont la copie est nécessaire plutôt que la référence.

2. Trait Copy :

- Le trait **Copy** est similaire à **Clone**, mais il est utilisé pour les types qui sont copiés directement en mémoire (comme les types primitifs) plutôt que d'effectuer une copie profonde.

3. Trait Debug :

- Le trait **Debug** permet de formater une valeur pour l'affichage à des fins de débogage en utilisant **println!** ou **dbg!**.

- Il est souvent implémenté avec **derive(Debug)**.

4. Trait Default :

- Le trait **Default** permet de définir une valeur par défaut pour un type.
- Il est utile lors de la création d'instances de types sans spécifier explicitement toutes les valeurs.

5. Trait Eq et PartialEq :

- Le trait **Eq** définit l'égalité stricte entre les valeurs, tandis que le trait **PartialEq** permet de personnaliser les règles d'égalité partielle.

6. Trait Ord et PartialOrd :

- Le trait **Ord** permet de comparer les valeurs pour déterminer l'ordre total, tandis que le trait **PartialOrd** permet de personnaliser les comparaisons partielles.

7. Trait Iterator :

- Le trait **Iterator** est utilisé pour créer des itérations personnalisées sur des collections.
- Il permet de créer des itérations avec des fonctions telles que **map**, **filter**, **fold**, etc.

8. Trait Into et From :

- Le trait **Into** permet de convertir un type en un autre de manière automatique et moins verbeuse.
- Le trait **From** permet de définir la conversion inverse.

9. Trait AsRef et AsMut :

- Le trait **AsRef** est utilisé pour fournir une vue référentielle d'un type.
- Le trait **AsMut** permet de fournir une vue

mutable.

10. Trait Fn, FnMut et FnOnce :

- Ces traits permettent de traiter les fonctions comme des valeurs.

- **Fn** permet l'appel immuable, **FnMut** permet l'appel mutable, et **FnOnce** permet de consommer la fonction.

11. Trait Deref et DerefMut :

- Ces traits sont utilisés pour surcharger le comportement de l'opérateur * (déréférencement).

- Ils sont couramment utilisés pour créer des types de pointeurs intelligents.

12. Trait FromStr et ToString :

- Ces traits permettent de convertir des valeurs en chaînes de caractères et de les convertir de nouveau.

13. Trait Read et Write :

- Ces traits sont utilisés pour l'entrée/sortie (E/S) en Rust, permettant la lecture à partir et l'écriture dans des flux de données.

14. Trait Send et Sync :

- Ces traits sont utilisés pour indiquer si les types peuvent être transférés entre threads (**Send**) ou partagés entre threads (**Sync**).

15. Trait Drop :

- Le trait **Drop** permet de définir des actions personnalisées à exécuter lorsqu'une valeur sort de la portée.

16. Trait Sized :

- Le trait **Sized** indique si un type a une taille connue à la compilation.

17. Trait Unpin :

- Le trait **Unpin** est utilisé pour indiquer que les types peuvent être déplacés sans restriction.

Définition et Utilisation Efficace des Énumérations (Enums) en Rust

Les énumérations, couramment appelées "enums", sont une caractéristique puissante en Rust qui permet de définir un type de données personnalisé avec un ensemble fini de valeurs possibles. Les enums sont utiles pour modéliser des concepts complexes et pour rendre le code plus expressif et sûr. Voici un examen approfondi de la définition et de l'utilisation efficace des enums en Rust :

1. Définition d'Enums :

- Les énumérations sont définies en utilisant le mot-clé **enum**.

- Elles sont utilisées pour regrouper un ensemble limité de valeurs sous un nom commun.

2. Variants Enums :

- Les valeurs possibles d'une enum sont appelées "variants".

- Chaque variant peut être associé à des données ou être un simple identificateur.

3. Utilisation des Enums :

- Les enums sont utilisées pour représenter des concepts où un choix limité est possible.

- Elles améliorent la lisibilité en donnant un sens

aux valeurs possibles.

4. Enums sans Données :

- Les enums peuvent avoir des variants sans données, qui sont simplement des étiquettes.

- Exemple :

```
enum Couleur {
    Rouge,
    Vert,
    Bleu,
}
```

5. Enums avec Données :

- Les enums peuvent avoir des variants associés à des données.

- Cela permet de stocker des informations avec chaque valeur.

- Exemple :

```
enum Résultat<T, E> {
    Réussite(T),
    Échec(E),
}
```

6. Correspondance de Motifs avec Enums :

- La correspondance de motifs (**match**) est souvent utilisée pour traiter les enums, en traitant chaque variant de manière appropriée.

7. Utilisation d'Enums pour les Erreurs :

- Les enums sont couramment utilisées pour gérer les erreurs, en définissant des variants pour les différentes raisons d'échec.

- Cela permet de gérer les erreurs de manière exhaustive et de fournir des informations précises sur l'échec.

8. Enums pour les États et les Machines à États :

- Les enums sont idéales pour modéliser les états d'une machine à états, où chaque variant représente un état différent.

9. Enums pour les Options :

- Les enums sont utilisées pour représenter des valeurs optionnelles à l'aide de **Some** et **None**.
- Cela évite l'utilisation de pointeurs nuls.

10. Enums pour les Réponses HTTP :

- Les enums sont couramment utilisées pour représenter les réponses HTTP, où chaque variant peut représenter un code de réponse différent.

11. Exemple d'Utilisation d'Enums en Rust :

```
enum Jour {
    Lundi,
    Mardi,
    Mercredi,
    Jeudi,
    Vendredi,
}

fn main() {
    let jour = Jour::Lundi;

    match jour {
        Jour::Lundi => println!("C'est le début de la
```

semaine !"),

    Jour::Vendredi => println!("C'est presque le week-end !"),

    _ => println!("Un autre jour de la semaine."),

  }

}

Gestion des Erreurs avec Result et Option en Rust

En Rust, la gestion des erreurs est une composante essentielle de la programmation sécurisée et robuste. Deux types de données clés, **Result** et **Option**, sont largement utilisés pour gérer les erreurs et les valeurs optionnelles de manière explicite et sécurisée. Voici un examen approfondi de la gestion des erreurs avec **Result** et la gestion des valeurs optionnelles avec **Option** en Rust :

1. Utilisation de Result :

- Le type **Result** est utilisé pour gérer les opérations qui peuvent échouer.

- Il a deux variants : **Ok(T)** pour le succès (avec une valeur) et **Err(E)** pour l'échec (avec une erreur).

2. Utilisation de Option :

- Le type **Option** est utilisé pour gérer les valeurs qui peuvent être absentes.

- Il a deux variants : **Some(T)** pour une valeur présente et **None** pour une valeur absente.

3. Gestion des Erreurs avec Result :

- Les fonctions qui peuvent échouer renvoient généralement un **Result** pour indiquer le succès ou l'échec.

- Les développeurs doivent utiliser **match** ou les méthodes **unwrap, expect** ou **?** pour gérer les valeurs **Result.**

4. Gestion des Valeurs Optionnelles avec Option :

- Les valeurs optionnelles sont couramment utilisées pour les retours de fonctions qui peuvent ne pas avoir de valeur à retourner.

- **match, unwrap, expect** et **?** sont également utilisés pour gérer les valeurs **Option.**

5. L'Opérateur ? pour Propager les Erreurs :

- L'opérateur **?** est utilisé pour propager rapidement les erreurs à partir d'une fonction si elles se produisent.

- Il est couramment utilisé dans les fonctions qui renvoient des **Result.**

6. Gestion des Erreurs Personnalisées :

- Les erreurs personnalisées sont créées en définissant un type de données qui implémente le trait **std::error::Error.**

- Cela permet de fournir des informations spécifiques sur l'erreur.

7. Chaînage de Result et Option :

- Les fonctions qui retournent des **Result** ou des **Option** peuvent être chaînées pour des opérations successives.

8. Exemple de Gestion des Erreurs avec Result :

```
fn diviser(a: i32, b: i32) -> Result<i32, String> {
    if b == 0 {
        return Err("Division par zéro".to_string());
```

```
    }
    Ok(a / b)
}

fn main() {
    let resultat = diviser(10, 2);
    match resultat {
        Ok(valeur) => println!("Résultat : {}", valeur),
        Err(erreur) => println!("Erreur : {}", erreur),
    }
}
```

Programmation Concurrente en Rust

La programmation concurrente est un aspect essentiel de la création de logiciels modernes, permettant d'exploiter pleinement les processeurs multi-cœurs et de gérer efficacement les tâches parallèles. Rust est un langage de programmation qui offre des fonctionnalités puissantes pour la programmation concurrente tout en garantissant la sécurité et la prévention des erreurs liées à la concurrence. Voici un examen approfondi de la programmation concurrente en Rust :

1. Les Threads :

- Rust prend en charge la création de threads légers (ou "threads") via la bibliothèque standard.

- Les threads permettent d'exécuter des tâches en parallèle, tirant parti des processeurs multi-cœurs.

2. Gestion de la Propriété (Ownership) en Concurrence :

- Rust garantit la sécurité en concurrence grâce à

son système de gestion de la propriété.

- Les règles d'emprunt, de référence et de déréférencement empêchent les accès concurrents non sécurisés aux données.

3. Le Mot-Clé std::sync :

- La bibliothèque standard de Rust offre le module **std::sync** pour la synchronisation entre threads.
- Les primitives telles que **Mutex**, **RwLock** et **Atomic** permettent de protéger les données partagées de manière sûre.

4. Trait Send et Trait Sync :

- Rust utilise les traits **Send** et **Sync** pour indiquer si un type peut être transféré entre threads (**Send**) ou partagé entre threads (**Sync**).
- Les types qui ne satisfont pas ces traits entraîneront une erreur de compilation s'ils sont utilisés de manière incorrecte en concurrence.

5. Le Modèle d'Acteur :

- Rust encourage le modèle d'acteur pour la programmation concurrente.
- Les acteurs sont des entités autonomes qui communiquent via des canaux (**std::sync::mpsc**) et exécutent des tâches concurrentes de manière isolée.

6. Threads avec std::thread :

- La bibliothèque standard de Rust offre la création de threads à l'aide du module **std::thread**.
- Les threads peuvent être créés en utilisant **std::thread::spawn**.

7. Communication entre Threads avec std::sync::mpsc :

- Les canaux (**std::sync::mpsc**) sont utilisés pour la communication entre threads.
- Ils permettent d'envoyer des messages entre les threads de manière sécurisée.

8. Exemple de Programmation Concurrente en Rust :

```
use std::thread;
use std::sync::{Arc, Mutex};

fn main() {
    let donnees = Arc::new(Mutex::new(0));

    let mut threads = vec![];
    for _ in 0..4 {
        let donnees = Arc::clone(&donnees);
        let handle = thread::spawn(move || {
            let mut valeur = donnees.lock().unwrap();
            *valeur += 1;
        });
        threads.push(handle);
    }

    for handle in threads {
        handle.join().unwrap();
    }

    println!("Valeur finale : {:?}", donnees.lock().unwrap());
}
```

9. Rust et la Sécurité en Concurrence :

- Rust garantit l'absence de certains types de bugs de concurrence tels que les courses de données et les verrous inutilisés grâce à son système de typage et de possession.

10. Création de la Concurrence Sûre :

- Rust encourage la création de code concurrent sûr en évitant les opérations dangereuses telles que le partage mutable de données sans protection appropriée.

Les Threads et la Synchronisation avec std::thread et std::sync en Rust

Les threads et la synchronisation sont des éléments essentiels de la programmation concurrente en Rust. Les threads permettent d'exécuter des tâches en parallèle, tandis que la synchronisation garantit que ces threads coopèrent correctement pour éviter les problèmes tels que les courses de données. Voici un examen approfondi de la création de threads et de la synchronisation en utilisant les modules **std::thread** et **std::sync** en Rust :

1. Création de Threads avec std::thread :

- Le module **std::thread** de la bibliothèque standard de Rust permet de créer et de gérer des threads.

- La fonction **std::thread::spawn** est utilisée pour créer un nouveau thread qui exécute une fonction.

2. Passage de Données entre les Threads :

- Pour partager des données entre les threads, Rust utilise des structures telles que **std::sync::Arc** (Atomic Reference Counting) pour la propriété partagée des données et **std::sync::Mutex** (Mutual Exclusion) pour la synchronisation de l'accès aux données partagées.

3. Mutex (Mutex de std::sync) :

- Le Mutex (mutual exclusion) est utilisé pour garantir l'accès exclusif à des données partagées.

- Un Mutex ne peut être verrouillé que par un seul thread à la fois, garantissant ainsi la sécurité en concurrence.

4. Arc (Atomic Reference Counting) :

- L'Arc est utilisé pour partager de manière sûre des données entre plusieurs threads.

- Il permet de gérer automatiquement la comptabilisation des références, garantissant que les données ne sont pas libérées prématurément.

5. Les Canaux avec std::sync::mpsc :

- Le module **std::sync::mpsc** (multiple producer, single consumer) offre des canaux de communication entre les threads.

- Les canaux permettent l'envoi de messages entre les threads de manière sécurisée.

6. Exemple de Création de Thread et d'Utilisation de Mutex :

```
use std::thread;
use std::sync::{Arc, Mutex};

fn main() {
    let donnees_partagees = Arc::new(Mutex::new(0));
    let mut handles = vec![];

    for _ in 0..4 {
```

```
    let                donnees_partagees              =
Arc::clone(&donnees_partagees);
    let handle = thread::spawn(move || {
      let         mut         donnees          =
donnees_partagees.lock().unwrap();
      *donnees += 1;
    });
    handles.push(handle);
  }

  for handle in handles {
    handle.join().unwrap();
  }

  println!("Valeur          finale          :          {:?}",
*donnees_partagees.lock().unwrap());
}
```

7. Synchronisation des Threads avec std::sync :

- Rust offre des primitives de synchronisation telles que **std::sync::Mutex**, **std::sync::RwLock** (Read-Write Lock), **std::sync::Condvar** (Condition Variable) et **std::sync::Barrier** pour coordonner l'exécution des threads.

8. Rust et la Prévention des Courses de Données :

- Le système de propriété (ownership) de Rust et ses règles d'emprunt garantissent l'absence de certaines races conditions et de courses de données.

9. Trait Send et Trait Sync :

- Rust utilise les traits **Send** et **Sync** pour indiquer si un type peut être transféré entre threads (**Send**) ou partagé entre threads (**Sync**).

- Les types qui ne satisfont pas ces traits entraîneront une erreur de compilation s'ils sont utilisés de manière incorrecte en concurrence.

La Programmation Asynchrone avec async et await en Rust

La programmation asynchrone est une approche clé pour gérer efficacement les opérations d'entrée/sortie (E/S) et les tâches concurrentes sans bloquer l'exécution du programme. Rust offre un support solide pour la programmation asynchrone grâce aux mots-clés **async** et **await**, ainsi qu'à la bibliothèque standard **async-std** ou **tokio**. Voici un examen approfondi de la programmation asynchrone en Rust avec **async** et **await** :

1. Les Fonctions Asynchrones avec async :

- Le mot-clé **async** est utilisé pour déclarer une fonction asynchrone.

- Une fonction asynchrone peut contenir des opérations qui peuvent être suspendues sans bloquer le thread.

2. Attente avec await :

- Le mot-clé **await** est utilisé à l'intérieur d'une fonction asynchrone pour attendre la fin d'une opération asynchrone, comme une E/S réseau ou un calcul intensif.

- Lorsque **await** est utilisé, le thread est libéré pour effectuer d'autres tâches, maximisant ainsi l'utilisation des ressources.

3. La Bibliothèque Standard async-std et Tokio :

- Rust propose deux bibliothèques principales pour la programmation asynchrone : **async-std** et **tokio**.
- Ces bibliothèques offrent des outils et des abstractions pour travailler avec des tâches asynchrones, des E/S réseau, des timers, etc.

4. Gestion des Erreurs avec Result et Option :

- Comme pour la programmation synchrone, Rust utilise **Result** et **Option** pour gérer les erreurs dans les fonctions asynchrones.

5. Modèles de Concurrence :

- La programmation asynchrone est idéale pour gérer de nombreuses opérations en parallèle sans avoir à créer un grand nombre de threads.
- Elle est particulièrement utile pour les E/S réseau et les applications réactives.

6. Exemple d'une Fonction Asynchrone :

```rust
use async_std::task;

async fn telecharger_page(url: &str) -> Result<String, reqwest::Error> {
    let body = reqwest::get(url).await?.text().await?;
    Ok(body)
}

#[async_std::main]
async fn main() -> Result<(), reqwest::Error> {
    let url = "https://www.example.com";
    let contenu = telecharger_page(url).await?;
```

```
    println!("Contenu de la page : {}", contenu);
    Ok(())
}
```

7. Création de Tâches Asynchrones :

- En plus des fonctions asynchrones, il est possible de créer des tâches asynchrones qui s'exécutent de manière concurrente.

- Les tâches sont gérées par la bibliothèque asynchrone utilisée (**async-std** ou **tokio**).

8. Attente de Plusieurs Tâches :

- La programmation asynchrone permet d'attendre efficacement plusieurs tâches en parallèle en utilisant des opérations comme **join** ou **select**.

9. Performance et Utilisation des Ressources :

- La programmation asynchrone permet d'optimiser l'utilisation des ressources, car les threads ne sont pas bloqués pendant les opérations d'attente.

10. Compatibilité avec d'Autres Langages : - Rust offre des moyens d'interagir avec des langages tels que JavaScript via WebAssembly (Wasm) pour des applications web asynchrones.

Schémas Avancés de Possession en Rust

La gestion de la possession est l'une des caractéristiques les plus distinctives de Rust, garantissant la sécurité et la prévention des erreurs de mémoire tout en offrant un contrôle précis sur la gestion des ressources. En plus des concepts de possession de base, Rust propose des schémas avancés de possession qui permettent aux développeurs de gérer les données de manière encore plus flexible et sûre. Voici un examen approfondi de ces schémas avancés de possession en Rust :

1. Références et Emprunts :

- Les références (**&**) et les emprunts (**&mut**) sont les bases de la gestion de la possession en Rust.

- Les références permettent d'accéder aux données sans transférer la propriété.

2. Possession Partagée avec Rc :

- La classe **Rc** (Reference Counting) permet la possession partagée des données.

- Elle utilise une comptabilisation de références pour permettre à plusieurs propriétaires d'accéder aux données.

3. Possession Mutable Partagée avec RefCell :

- **RefCell** est utilisée avec **Rc** pour permettre la mutation de données partagées sans avoir besoin de **&mut**.

- Elle effectue des vérifications de possession à l'exécution plutôt qu'à la compilation.

4. Possession Unique avec Arc et Mutex :

- **Arc** (Atomic Reference Counting) permet la possession partagée atomique des données entre les threads.

- **Mutex** (Mutual Exclusion) est utilisé avec **Arc** pour la synchronisation entre threads.

5. Possession Dynamique avec Box :

- **Box** est utilisé pour allouer des données sur le tas

(heap) plutôt que sur la pile (stack).

- Il est souvent utilisé pour créer des types de données récursifs.

6. Possession Éphémère avec Cow :

- **Cow** (Clone on Write) permet de gérer la possession éphémère de données.

- Elle permet de minimiser les copies en clonant les données uniquement lorsqu'elles sont modifiées.

7. Possession d'Objets avec Box<dyn Trait> :

- **Box<dyn Trait>** permet de stocker des objets qui implémentent un trait spécifique.

- Il est utile pour créer des collections polymorphiques.

8. Possession de Données Extérieures avec PhantomData :

- **PhantomData** est utilisé pour annoter les types génériques et informer le compilateur de la possession de données extérieures.

- Il est couramment utilisé pour définir des relations de possession virtuelle.

9. Schémas de Possession Complexes avec des Graphes de Données :

- Rust permet de créer des structures de données complexes avec des schémas de possession imbriqués et des graphes de données.

10. Schémas de Possession avec des Acteurs : - Les acteurs et les schémas de possession de Rust sont couramment utilisés pour la programmation concurrente.

11. Sécurité et Vérifications du Compilateur : - Rust garantit la sécurité en utilisant le système de possession pour empêcher les courses de données et les erreurs de mémoire.

12. Schémas de Possession dans des Contextes Spécifiques : - Différents schémas de possession sont utilisés pour des cas spécifiques tels que la programmation concurrente, la gestion des ressources et la performance.

Les Pointeurs Intelligents et la Comptabilisation des Références en Rust

Les pointeurs intelligents (smart pointers) et la comptabilisation des références sont des fonctionnalités clés de Rust qui permettent une gestion flexible et sécurisée de la mémoire. Ils sont utilisés pour partager des données entre plusieurs parties de code tout en garantissant l'absence de fuites mémoire et en évitant les courses de données. Voici un examen approfondi des pointeurs intelligents et de la comptabilisation des références en Rust :

1. Pointeurs Intelligents :

- Les pointeurs intelligents sont des structures de données qui encapsulent une valeur et fournissent des fonctionnalités de gestion de la mémoire.

- Ils sont définis dans le module **std::smart_pointer** de la bibliothèque standard de Rust.

2. Comptabilisation des Références avec Rc :

- **Rc** signifie "Reference Counting" et permet la comptabilisation des références.

- Un objet **Rc** peut être partagé entre plusieurs propriétaires, et le compteur de références est mis à jour à mesure que de nouveaux propriétaires sont créés ou que des propriétaires existants sont libérés.

3. Comptabilisation des Références avec Arc :

- **Arc** signifie "Atomic Reference Counting" et est utilisé pour la comptabilisation des références atomiques entre threads.

- Il garantit que plusieurs threads peuvent partager un objet **Arc** en toute sécurité.

4. Comptabilisation des Références et le Modèle de Possession :

- La comptabilisation des références permet de gérer plusieurs propriétaires pour une même donnée, ce qui est utile pour les structures de données partagées.

5. Pointeurs Intelligents de Conteneurs :

- Rust propose des pointeurs intelligents de conteneurs tels que **Box**, **Rc**, et **Arc** pour gérer efficacement les données complexes.

- Par exemple, **Box** est utilisé pour allouer des données sur le tas (heap) plutôt que sur la pile (stack).

6. Le Trait Deref :

- Le trait **Deref** permet à un type de se comporter comme une référence.

- Les pointeurs intelligents implémentent ce trait pour permettre l'accès aux données qu'ils encapsulent.

7. Le Trait Drop :

- Le trait **Drop** permet de définir un comportement personnalisé lorsque le pointeur intelligent est détruit.

- Cela peut être utilisé pour effectuer des actions spécifiques, telles que la libération de ressources.

8. Compatibilité avec d'Autres Structures de Données :

- Les pointeurs intelligents peuvent être utilisés avec d'autres structures de données telles que les listes chaînées, les arbres, et les graphes.

9. Exemple d'Utilisation de Rc :

```rust
use std::rc::Rc;

fn main() {
    let donnees = vec![1, 2, 3];
    let reference_comptee = Rc::new(donnees);
    let autre_reference = Rc::clone(&reference_comptee);

    println!("Longueur                  :                    {}", Rc::strong_count(&reference_comptee));
}
```

10. Exemple d'Utilisation de Arc : ```rust use std::sync::Arc; use std::thread;

```rust
fn main() {
    let donnees = vec![1, 2, 3];
    let reference_comptee = Arc::new(donnees);
    let mut handles = vec![];

    for _ in 0..4 {
        let reference_comptee = Arc::clone(&reference_comptee);
        let handle = thread::spawn(move || {
            println!("{:?}", reference_comptee);
        });
```

```
    handles.push(handle);
  }

  for handle in handles {
    handle.join().unwrap();
  }
}
` ` `
```

11. Sécurité et Prévention des Erreurs : - Les pointeurs intelligents aident à prévenir les erreurs de mémoire telles que les fuites mémoire et les courses de données. - Le système de typage de Rust garantit que les règles de possession sont suivies de manière stricte.

Les Durées de Vie en Profondeur et la Résolution des Problèmes Liés aux Durées de Vie en Rust

Les durées de vie (lifetimes) sont l'une des caractéristiques les plus uniques et puissantes de Rust, qui permettent de garantir la sécurité des emprunts et de prévenir les problèmes de gestion de la mémoire. Comprendre les durées de vie en profondeur est essentiel pour écrire du code Rust sûr et efficace. Voici un aperçu complet des durées de vie en Rust et de la manière de résoudre les problèmes liés à celles-ci :

1. Qu'est-ce qu'une Durée de Vie ?

- Une durée de vie est une annotation qui indique la portée pendant laquelle une référence est valide.
- Elle spécifie la relation entre les durées de vie des différentes références.

2. Annotations de Durée de Vie :

- Les annotations de durée de vie sont des étiquettes placées sur les références, indiquant leur durée de vie.

- Elles sont généralement des lettres minuscules, comme **'a**, **'b**, etc.

3. Syntaxe des Durées de Vie :

- Les durées de vie sont définies dans les signatures de fonction, les structures et les traits à l'aide de **'a**.

- Par exemple, **fn exemple<'a>(x: &'a i32) -> &'a i32**.

4. Les Durées de Vie en Pratique :

- Les durées de vie sont utilisées pour résoudre les problèmes d'emprunts, d'emprunts mutables et de références croisées.

- Elles garantissent que les références restent valides pendant toute la durée de leur utilisation.

5. Les Durées de Vie dans les Fonctions :

- Lorsque les paramètres et les valeurs de retour d'une fonction ont des durées de vie différentes, Rust garantit la cohérence.

6. Les Durées de Vie dans les Structures :

- Les durées de vie sont utilisées pour spécifier comment les données dans une structure sont liées aux données externes.

- Les annotations de durée de vie sont nécessaires pour éviter les références invalides.

7. Les Durées de Vie dans les Traits :

- Les traits peuvent avoir des annotations de durée de vie pour spécifier leurs relations avec les types qui les implémentent.

- Cela garantit que les implémentations des traits sont correctes en termes de durée de vie.

8. Annotations de Durée de Vie Anonymes :

- Parfois, les durées de vie peuvent être omises dans les annotations de durée de vie lorsque Rust peut les déduire automatiquement.

9. Les Fonctions et les Durées de Vie 'static :

- La durée de vie spéciale **'static** représente la durée de vie de toute la durée de vie du programme.

- Les chaînes de caractères littérales ont généralement cette durée de vie.

10. Résolution des Problèmes Liés aux Durées de Vie : - Lorsque des erreurs de durée de vie se produisent, Rust fournit des messages d'erreur détaillés. - Les outils tels que **borrowck** aident à vérifier la validité des durées de vie.

11. Exemple de Résolution de Problèmes de Durée de Vie : rust fn plus_long<'a>(x: &'a str, y: &'a str) -> &'a str { if x.len() > y.len() { x } else { y } }

12. Les Durées de Vie et la Sécurité de Rust : - Les durées de vie garantissent que Rust est exempt de certaines erreurs de mémoire, telles que les pointeurs nuls et les fuites mémoire.

Rust Non Sécuritaire : Comprendre et Utiliser les Blocs Non Sécurisés

Rust est connu pour sa sécurité de mémoire inégalée, mais il offre également un moyen de contourner cette sécurité pour les cas spéciaux où vous devez accéder à des opérations potentiellement dangereuses. Cela se fait à l'aide de la fonctionnalité "unsafe". Voici un aperçu complet de l'utilisation des blocs "unsafe" en Rust :

1. Qu'est-ce que Rust Non Sécuritaire ?

- Rust est un langage qui garantit la sécurité de mémoire à la compilation, mais il peut être nécessaire de contourner cette sécurité pour effectuer certaines opérations spécifiques.

2. Les Blocs "unsafe" :

- Les blocs "unsafe" sont des sections de code dans lesquelles Rust lève ses garanties de sécurité.

- Cela signifie que le développeur prend la responsabilité de garantir que le code dans le bloc "unsafe" est sûr.

3. Les Cas d'Utilisation de Rust Non Sécuritaire :

- Rust Non Sécuritaire est utilisé pour :
  - Accéder à des variables mutables globales ou statiques.
  - Utiliser des fonctions externes en C ou d'autres langages non sûrs.
  - Écrire des implémentations de traits non sécurisées.
  - Gérer les pointeurs bruts.

4. Variables Mutables Globales ou Statiques :

- Rust ne permet généralement pas l'accès mutable à des variables globales.

- Les blocs "unsafe" peuvent être utilisés pour contourner cette restriction.

5. Appels à des Fonctions Externes :

- Lorsque vous devez appeler des fonctions écrites en C ou d'autres langages non sûrs, vous devez utiliser des blocs "unsafe".

- Vous devez garantir que les appels ne provoquent

pas de comportement indéfini.

6. Implémentations de Traits Non Sécurisées :

- Parfois, pour implémenter un trait sur un type, vous devez utiliser des opérations non sécurisées.
- Cela peut être nécessaire pour des cas de programmation bas niveau.

7. Pointeurs Bruts :

- Les pointeurs bruts (***const T** et ***mut T**) permettent de contourner le système de possession de Rust.
- Vous devez être extrêmement prudent lorsque vous les utilisez, car ils peuvent provoquer des problèmes de sécurité.

8. Gestion des Pointeurs Bruts :

- L'utilisation de pointeurs bruts nécessite une gestion précise de la durée de vie et de la validité des données pointées.
- Les blocs "unsafe" sont utilisés pour effectuer des opérations avec des pointeurs bruts.

9. Sécurité dans les Blocs "unsafe" :

- Bien que Rust lève ses garanties de sécurité dans les blocs "unsafe", il existe toujours des règles que vous devez suivre pour garantir la sécurité.
- Les opérations avec des pointeurs bruts doivent toujours respecter ces règles.

10. Utilisation Responsable de Rust Non Sécuritaire : - L'utilisation de Rust Non Sécuritaire doit être minimisée autant que possible. - Elle doit être réservée aux cas où il n'y a pas d'autre solution sécurisée.

11. Le Compilateur Rust : - Le compilateur Rust est un

puissant allié lors de l'utilisation de blocs "unsafe". - Il effectue des vérifications statiques pour s'assurer que les règles de sécurité sont respectées.

Les Macros Procédurales Personnalisées en Rust

Les macros procédurales personnalisées sont l'une des fonctionnalités les plus puissantes et avancées de Rust. Elles permettent aux développeurs de définir leurs propres transformations de code au moment de la compilation, créant ainsi des outils et des abstractions spécifiques au domaine. Voici un aperçu complet des macros procédurales personnalisées en Rust :

1. Qu'est-ce qu'une Macro Procédurale ?

- Une macro procédurale est une extension du système de macros de Rust qui permet de générer du code Rust lors de la compilation.

- Contrairement aux macros de texte (comme **println!**), les macros procédurales peuvent générer du code Rust complet.

2. Les Attributs de Projet :

- Pour créer une macro procédurale personnalisée, vous devez déclarer un attribut de projet dans votre bibliothèque ou votre programme.

- Cet attribut spécifie où trouver les macros.

3. Les Dépendances :

- Les macros procédurales personnalisées peuvent avoir des dépendances externes.

- Vous pouvez les spécifier dans votre fichier **Cargo.toml**.

4. L'API de Projet :

- Vous devez définir une API publique pour votre macro procédurale, généralement dans un module **lib.rs**.
- Cette API définit comment les utilisateurs vont invoquer votre macro.

5. Création de la Macro :

- Vous devez créer une fonction ou une procédure qui implémente la transformation souhaitée.
- Cette fonction prend généralement en entrée un ast (arbre de syntaxe abstraite) et retourne un ast modifié.

6. Le Trait proc_macro::TokenStream :

- La transformation de la macro procédurale utilise le trait **proc_macro::TokenStream** pour représenter le code source.

7. Récupération du Code Source :

- Vous pouvez extraire le code source de l'ast en utilisant les méthodes fournies par **syn**, une bibliothèque pour l'analyse syntaxique.

8. Génération de Code :

- À l'intérieur de votre macro, vous générez un nouveau code en utilisant **quote**, une bibliothèque pour la génération de code.

9. Enregistrement de la Macro :

- Une fois votre macro définie, vous devez l'enregistrer en tant que procédure dans la bibliothèque **proc_macro**.

10. Utilisation de la Macro : - Les utilisateurs peuvent invoquer votre macro personnalisée comme n'importe quelle autre macro Rust. - Elle est exécutée lors de la compilation et génère le code souhaité.

11. Cas d'Utilisation Courants : - Les macros procédurales personnalisées sont utilisées pour générer du code répétitif, créer des DSL (domain-specific languages) et effectuer des vérifications de code personnalisées.

12. Exemple de Macro Procédurale : - Voici un exemple simple d'une macro procédurale personnalisée qui double toutes les valeurs d'une liste : ` ` `rust use proc_macro::TokenStream; use quote::quote; use syn:: {parse_macro_input, ItemFn};

```rust
#[proc_macro]
pub fn double(input: TokenStream) -> TokenStream {
    let input = parse_macro_input!(input as ItemFn);

    let expanded = quote! {
        #input

        fn main() {
            let mut values = vec![1, 2, 3];
            for val in &mut values {
                *val *= 2;
            }
            println!("{:?}", values);
        }
    };

    expanded.into()
}
```
` ` `

13. Sécurité et Bonnes Pratiques : - Les macros procédurales personnalisées ont un accès potentiellement puissant au code source. - Il est important de les utiliser avec responsabilité et de suivre les bonnes pratiques pour éviter les problèmes de sécurité.

CHAPITRE QUATRE

Explorer la Bibliothèque
Standard de Rust

La bibliothèque standard de Rust est une ressource puissante qui fournit une vaste collection de types, de fonctions et de modules pour simplifier le développement d'applications en Rust. Elle est conçue pour être fiable, efficace et extensible. Voici un aperçu complet de la bibliothèque standard de Rust :

1. Structure de la Bibliothèque Standard :

- La bibliothèque standard de Rust est organisée en modules, chacun regroupant des fonctionnalités similaires.

- Elle est divisée en plusieurs catégories, telles que les collections, les opérations d'entrée/sortie, la gestion des threads, etc.

2. Les Collections :

- Rust offre une variété de collections de données, notamment les vecteurs, les tableaux, les hachages, les listes chaînées, les ensembles et les files d'attente.

- Ces collections sont flexibles et garantissent la sécurité de mémoire à la compilation.

3. Les Opérations d'Entrée/Sortie (E/S) :

- La bibliothèque standard prend en charge les opérations E/S, telles que la lecture et l'écriture de fichiers, l'interaction avec la console et la gestion des erreurs E/S.

4. Les Threads et la Concurrence :

- Rust facilite la programmation concurrente en offrant des primitives pour la création, la synchronisation et la gestion des threads.

- Le module **std::thread** permet de créer et de gérer des threads, tandis que le module **std::sync** offre des primitives de synchronisation telles que les mutex et les canaux.

5. La Gestion des Erreurs :

- La gestion des erreurs en Rust est facilitée par le module **std::result** et le type **Result**, qui permettent de gérer proprement les opérations pouvant échouer.

- Le module **std::option** et le type **Option** sont utilisés pour les valeurs potentiellement absentes.

6. Les Opérations sur les Chaînes de Caractères :

- Rust offre une variété d'opérations pour travailler avec les chaînes de caractères, y compris la concaténation, la recherche, le découpage et la manipulation.

7. Les Opérations Mathématiques et Numériques :

- Le module **std::num** fournit des fonctions pour effectuer des opérations mathématiques et numériques, y compris la gestion des nombres aléatoires.

8. Les Opérations sur les Dates et Heures :

- Rust propose des fonctionnalités pour la manipulation des dates et heures grâce au module **std::time**.

9. La Gestion de la Mémoire :

- Rust offre un contrôle précis de la gestion de la mémoire grâce à des fonctionnalités telles que les pointeurs intelligents, les allocations sur le tas et les structures de données optimisées.

10. Les Fonctions pour les Tâches Courantes : - La bibliothèque standard de Rust contient de nombreuses fonctions pour des tâches courantes, telles que trier des données, convertir des types, formater des chaînes de caractères et effectuer des opérations sur les fichiers.

11. Les Fonctionnalités Avancées : - En plus des fonctionnalités de base, la bibliothèque standard de Rust propose des modules pour des tâches avancées telles que la gestion de l'UTF-8, la manipulation de fichiers temporaires et la communication parallèle.

12. La Documentation Complète : - La documentation officielle de Rust, accessible en ligne, fournit des informations détaillées sur chaque module et chaque fonction de la bibliothèque standard. - Les commentaires intégrés au code sont également abondants pour une utilisation pratique.

13. La Personnalisation et l'Extensibilité : - Rust permet aux développeurs de créer leurs propres modules et d'étendre la bibliothèque standard avec des fonctionnalités personnalisées.

14. La Sécurité et la Performance : - La bibliothèque standard de Rust est conçue pour garantir la sécurité de mémoire tout en offrant des performances élevées grâce à des structures de données optimisées.

Introduction aux Crates et

Cargo.toml en Rust

Les crates et le fichier Cargo.toml sont des concepts fondamentaux dans l'écosystème de Rust. Ils jouent un rôle clé dans la gestion des dépendances, la compilation et la distribution des projets en Rust. Voici un aperçu complet de ces concepts en Rust :

1. Qu'est-ce qu'un Crate ?

- En Rust, un crate est une unité de compilation. Cela peut être un programme, une bibliothèque, ou même une combinaison des deux.
- Les crates sont la façon dont Rust organise et partage du code.

2. La Structure d'un Projet Rust :

- Un projet Rust typique est organisé en utilisant des crates. Il peut avoir une crate principale (exécutable) et plusieurs crates secondaires (bibliothèques).

3. Cargo : Le Gestionnaire de Dépendances Rust :

- Cargo est l'outil de gestion de projets et de dépendances de Rust.
- Il automatise la création, la compilation et la distribution de crates.
- Il facilite également l'ajout et la gestion de dépendances externes.

4. Le Fichier Cargo.toml :

- Chaque projet Rust est livré avec un fichier **Cargo.toml**. Ce fichier est essentiel pour configurer le projet.
- Il contient des métadonnées telles que le nom du projet, l'auteur, la version et les dépendances.

5. Configuration de Cargo.toml :

- Vous pouvez spécifier les dépendances de votre projet en utilisant la section **[dependencies]** de Cargo.toml.

- Vous pouvez également définir des dépendances de développement (utilisées uniquement en développement) dans la section **[dev-dependencies]**.

6. Création d'un Projet Rust :

- Vous pouvez créer un nouveau projet Rust en utilisant la commande **cargo new nom-du-projet**.

- Cela générera un répertoire contenant les fichiers de base, y compris Cargo.toml.

7. Compilation avec Cargo :

- Vous pouvez compiler votre projet en utilisant la commande **cargo build**.

- Cargo gère automatiquement la gestion des dépendances et l'inclusion de bibliothèques externes.

8. Exécution avec Cargo :

- Vous pouvez exécuter votre projet en utilisant la commande **cargo run**.

- Cargo compile automatiquement le code si nécessaire avant de l'exécuter.

9. Tests avec Cargo :

- Vous pouvez exécuter des tests en utilisant la commande **cargo test**.

- Cette commande exécute les tests unitaires définis dans le code.

10. Documentation avec Cargo : - Cargo génère automatiquement la documentation de votre projet à l'aide de **cargo doc**. - Vous pouvez consulter la documentation en exécutant **cargo doc --open**.

11. Publication sur Crates.io : - Crates.io est le référentiel central des bibliothèques Rust. - Vous pouvez publier votre propre crate en utilisant la commande **cargo publish**.

12. Gestion des Versions : - Cargo permet de spécifier des versions de dépendances dans Cargo.toml. - Il suit les principes de gestion des versions sémantiques (semver) pour gérer les mises à jour.

13. Utilisation de Crates Externes : - Vous pouvez ajouter des dépendances externes en spécifiant leur nom et leur version dans Cargo.toml. - Cargo téléchargera automatiquement ces dépendances lors de la compilation.

14. Avantages de l'Écosystème Cargo : - Cargo facilite grandement le développement en Rust en automatisant de nombreuses tâches de gestion de projets et de dépendances. - Il favorise également la réutilisation du code grâce à la publication de crates sur Crates.io.

15. La Documentation de Cargo : - La documentation complète de Cargo est disponible en ligne pour une référence détaillée.

Trouver, Utiliser et Publier des Crates sur crates.io en Rust

Crates.io est le référentiel central des bibliothèques Rust, et il joue un rôle essentiel dans l'écosystème Rust. Il permet aux développeurs de trouver, d'utiliser et de publier des bibliothèques pour résoudre divers problèmes de programmation. Voici un aperçu complet de la façon de trouver, d'utiliser et de publier des crates sur crates.io en Rust :

1. Qu'est-ce qu'un Crate ?

- Un crate est une unité de compilation en Rust, qui peut être une bibliothèque ou un programme.

- Les crates sont la façon dont Rust organise et partage du code.

2. Crates.io : Le Référentiel Central des Crates :

- Crates.io est le référentiel en ligne qui héberge des milliers de crates Rust.

- Il permet aux développeurs de partager et de découvrir des bibliothèques pour résoudre des problèmes spécifiques.

3. Trouver des Crates sur Crates.io :

- Vous pouvez rechercher des crates sur Crates.io en utilisant le site web officiel ou en utilisant la commande **cargo search** depuis la ligne de commande.

- Vous pouvez rechercher par nom, mots-clés, catégories, etc.

4. Spécifier des Dépendances dans Cargo.toml :

- Une fois que vous avez trouvé une crate que vous souhaitez utiliser, vous pouvez l'ajouter à votre projet en spécifiant son nom et sa version dans le fichier **Cargo.toml** de votre projet.

5. Télécharger des Dépendances :

- Lorsque vous exécutez **cargo build** ou **cargo run**, Cargo télécharge automatiquement les crates dont votre projet dépend depuis crates.io.

6. Utiliser des Crates Externes :

- Une fois que les dépendances sont téléchargées, vous pouvez les utiliser dans votre code en important les modules correspondants.

7. Gérer les Versions des Crates :

- Vous pouvez spécifier des versions spécifiques des crates dans votre fichier **Cargo.toml**.

- Cargo suit les principes de gestion des versions sémantiques (semver) pour gérer les mises à jour.

8. Publier une Crate sur Crates.io :

- Si vous avez développé une bibliothèque Rust que vous souhaitez partager, vous pouvez la publier sur Crates.io en utilisant la commande **cargo publish**.

- Assurez-vous d'avoir un compte crates.io et de vous être authentifié.

9. Écrire une Documentation de Qualité :

- Avant de publier une crate, assurez-vous qu'elle est bien documentée en utilisant des commentaires de documentation (///) pour décrire les fonctionnalités et l'utilisation de la bibliothèque.

10. Le Processus de Publication : - La publication sur crates.io est un processus simple, mais il nécessite de respecter les règles et les normes de la communauté Rust. - Une fois la crate publiée, elle est disponible pour tous les développeurs Rust.

11. Contributions et Collaboration : - La communauté Rust encourage la collaboration sur les crates publiques. - Vous pouvez contribuer à des crates existantes en soumettant des pull requests sur leurs dépôts GitHub.

12. Crates de Qualité et de Confiance : - Lorsque vous choisissez des crates pour votre projet, recherchez des crates populaires, bien entretenues et documentées. - Vérifiez les avis et les activités sur les dépôts GitHub associés.

13. Respect des Licences : - Assurez-vous de respecter les licences des crates que vous utilisez. - Les licences sont généralement indiquées dans les fichiers **Cargo.toml** ou dans la documentation.

14. Les Mots-Clés : - Crates.io utilise des mots-clés pour aider les développeurs à trouver des bibliothèques spécifiques. Vous pouvez ajouter des mots-clés pertinents à votre crate lors de la publication.

15. La Sécurité : - Assurez-vous que les crates que vous utilisez sont sûres et ne présentent pas de vulnérabilités connues. - Rust encourage la sécurité du code, et cela s'applique également aux crates externes.

Écrire des Tests Unitaires avec #[cfg(test)] et assert! en Rust

Les tests unitaires sont une partie essentielle du développement en Rust. Ils vous aident à vérifier que chaque composant individuel de votre code fonctionne correctement. Vous pouvez écrire des tests unitaires en utilisant les attributs #[cfg(test)] et la macro assert!(). Voici un aperçu complet de l'écriture de tests unitaires en Rust :

1. Pourquoi les Tests Unitaires sont Importants :

- Les tests unitaires permettent de vérifier le bon fonctionnement des parties individuelles (unités) de votre code.

- Ils détectent les erreurs précocement, améliorant ainsi la qualité du logiciel.

2. Utilisation de #[cfg(test)] :

- Pour écrire des tests unitaires en Rust, vous créez un module de tests en utilisant l'attribut #[cfg(test)].

- Les tests ne sont compilés que lorsque l'attribut #[cfg(test)] est présent, ce qui évite d'inclure les tests dans la version finale de l'application.

3. La Macro assert!() :

- La macro assert!() est utilisée pour vérifier si une condition est vraie.
- Si la condition est vraie, le test se poursuit normalement ; sinon, il échoue.

4. Création de Fonctions de Test :

- Vous créez des fonctions de test en ajoutant la déclaration #[test] à une fonction.
- À l'intérieur de ces fonctions, vous utilisez assert!() pour vérifier si les résultats sont conformes aux attentes.

5. Exemple de Fonction de Test Simple :

- Voici un exemple de fonction de test qui vérifie si l'addition de deux nombres fonctionne correctement :

```
#[cfg(test)]
mod tests {
    #[test]
    fn test_addition() {
        let result = 2 + 2;
        assert_eq!(result, 4);
    }
}
```

6. Exécuter les Tests :

- Pour exécuter les tests, utilisez la commande **cargo test** depuis la ligne de commande.
- Cargo détecte automatiquement les fonctions de

test dans votre code et les exécute.

7. Affichage des Résultats :

- Après l'exécution des tests, Cargo affiche un résumé des tests réussis et échoués.

8. Utilisation de assert_eq!() :

- La macro assert_eq!() est utilisée pour comparer deux valeurs et vérifier si elles sont égales.

- Elle est souvent utilisée pour vérifier les résultats de fonctions.

9. Gérer les Erreurs avec assert!() :

- Les macros assert!() génèrent une panique (une erreur fatale) si la condition n'est pas vraie.

- Cela arrête le test en cours et passe au suivant.

10. Utilisation de assert_ne!() : - La macro assert_ne!() est utilisée pour vérifier que deux valeurs ne sont pas égales.

11. Les Fonctions de Test avec Résultat : - Les fonctions de test peuvent renvoyer un résultat Result<T, E>, ce qui permet de gérer les erreurs de manière plus précise. - Vous pouvez utiliser la macro assert!() avec Result pour vérifier les résultats corrects ou les erreurs attendues.

12. Gestion des Tests avec #[should_panic] : - Vous pouvez marquer une fonction de test avec #[should_panic] pour indiquer qu'elle devrait générer une panique. - Cela permet de tester comment le code gère les paniques.

13. Les Attributs de Tests Personnalisés : - Vous pouvez créer vos propres attributs de tests personnalisés pour effectuer des tests spécifiques à votre code.

14. Documentation des Tests : - Il est recommandé de documenter vos tests pour expliquer ce qu'ils vérifient.

15. Tests de Propriétés : - Rust prend en charge les tests de propriétés à l'aide de bibliothèques telles que proptest, qui génèrent automatiquement des entrées pour les tests.

16. Intégration Continue : - Les tests unitaires sont souvent intégrés à des systèmes d'intégration continue pour une vérification continue du code.

Utilisation de la Macro debug_assert! en Rust

La macro **debug_assert!** est une fonctionnalité puissante de Rust qui permet aux développeurs d'insérer des assertions conditionnelles dans leur code, mais uniquement pendant les compilations en mode de débogage. Ces assertions sont destinées à détecter et à signaler les erreurs potentielles pendant le développement, mais elles sont éliminées lors de la compilation en mode de libération, garantissant ainsi une exécution plus rapide et efficace du code final. Voici un aperçu complet de l'utilisation de la macro **debug_assert!** en Rust :

1. Comprendre les Assertions :

- Les assertions sont des vérifications conditionnelles que vous insérez dans votre code pour garantir que certaines conditions sont vraies à un moment donné.

2. Utilisation de la Macro debug_assert! :

- La macro **debug_assert!** est similaire à **assert!**, mais elle ne s'applique qu'en mode de débogage (**--cfg debug_assertions**).

- Elle permet de vérifier des conditions et de générer une panique si elles échouent.

3. Syntaxe de debug_assert! :

- Voici la syntaxe de base de la macro **debug_assert!** :

debug_assert!(condition);

4. Exemple Simple d'utilisation :

- Voici un exemple simple d'utilisation de **debug_assert!** pour vérifier si un vecteur est vide en mode de débogage :

```
fn main() {
    let my_vec = vec![1, 2, 3];

    debug_assert!(my_vec.is_empty());
}
```

5. Gestion des Assertions en Mode de Débogage :

- En mode de débogage, si la condition passée à **debug_assert!** est fausse, le programme générera une panique et affichera un message d'erreur.

- Cela aide à identifier rapidement les erreurs pendant le développement.

6. Élimination en Mode de Libération :

- En mode de libération (lorsque vous compilez votre code pour la distribution), toutes les macros **debug_assert!** sont complètement éliminées du code, ce qui signifie qu'elles n'ont aucun impact sur les performances.

7. Utilisation Recommandée :

- Utilisez **debug_assert!** pour vérifier des conditions qui ne devraient pas se produire dans un code correct et sain, mais qui pourraient survenir en raison d'erreurs de programmation.

- Évitez d'utiliser **debug_assert!** pour les erreurs d'exécution attendues ou les conditions normales du programme.

8. Exemple Avancé :

- Voici un exemple plus avancé où **debug_assert!** est

utilisé pour vérifier la validité d'un index dans un vecteur :

```
fn get_element(vec: Vec<i32>, index: usize) -> i32 {
    debug_assert!(index < vec.len());
    vec[index]
}
```

9. Documentation et Messages Personnalisés :

- Vous pouvez ajouter un message personnalisé aux assertions pour fournir des informations contextuelles :

```
debug_assert!(condition, "La condition a échoué : le vecteur est vide.");
```

10. Intégration avec les Tests : - debug_assert! est souvent utilisé dans les tests unitaires pour valider les préconditions et les invariants du code.

11. Contrôle de Compilation : - Vous pouvez désactiver les assertions de débogage en utilisant **--release** lors de la compilation en mode de libération.

12. Utilisation Responsable : - Utilisez **debug_assert!** avec responsabilité, en veillant à ne pas introduire de conditions qui entraveraient la performance en mode de libération.

Profiler et Évaluer les Performances du Code Rust

Le profilage et l'évaluation des performances du code sont des aspects cruciaux du développement logiciel en Rust, car ils permettent d'identifier et de résoudre les goulots d'étranglement, les erreurs de performance et les problèmes d'optimisation. Voici un aperçu complet de la façon de profiler et d'évaluer les performances du code en Rust :

1. Pourquoi le Profilage et l'Évaluation des Performances

sont Importants :

- Le profilage permet d'identifier les parties du code qui consomment le plus de temps CPU ou de mémoire.

- L'évaluation des performances vise à améliorer l'efficacité, la réactivité et la stabilité de l'application.

2. Outils de Profilage :

- Rust propose divers outils de profilage, notamment Cargo, le crate **profiler**, et les outils système tels que **perf** sous Linux.

- L'outil Cargo permet de générer des profils d'exécution et de mémoire avec des options spécifiques.

3. Profilage d'Exécution :

- Le profilage d'exécution permet de mesurer le temps d'exécution de chaque fonction et de détecter les parties du code qui consomment le plus de temps.

- Vous pouvez utiliser l'outil de profilage incorporé en Rust en exécutant votre programme avec la commande **cargo profile**.

4. Analyse des Résultats de Profilage :

- Les résultats du profilage d'exécution sont généralement présentés sous forme de graphiques ou de tableaux, indiquant les fonctions les plus coûteuses en termes de temps CPU.

- Vous pouvez identifier les endroits qui nécessitent une optimisation.

5. Profilage de la Mémoire :

- Le profilage de la mémoire permet de détecter les fuites de mémoire et d'identifier les allocations excessives ou inefficaces.

- Vous pouvez utiliser Cargo avec l'option **-- -Z self-profile** pour générer un profil de mémoire.

6. Analyse des Résultats de Profilage Mémoire :

- Les résultats du profilage mémoire montrent les allocations, les désallocations et les pics de mémoire.

- Vous pouvez rechercher des allocations inutiles ou des références circulaires.

7. Benchmarking :

- Le benchmarking consiste à mesurer les performances d'une partie spécifique du code pour comparer différentes implémentations.

- Le crate **criterion** est couramment utilisé pour le benchmarking en Rust.

8. Écrire des Benchmarks :

- Vous écrivez des benchmarks en créant une fonction spéciale annotée avec **#[bench]**.

- Les benchmarks génèrent des statistiques de performances détaillées.

9. Analyse des Résultats de Benchmarking :

- Les résultats du benchmarking incluent des mesures de temps, de déviation standard et d'autres statistiques.

- Vous pouvez comparer les performances de différentes implémentations pour prendre des décisions d'optimisation.

10. Profilage en Utilisation Réelle : - Le profilage en utilisation réelle consiste à profiler le code dans des conditions d'utilisation réelle de l'application. - Cela permet de découvrir des problèmes spécifiques à la production.

11. Optimisation Basée sur les Profils : - Une fois que vous avez identifié les problèmes de performance, vous pouvez les résoudre en apportant des modifications ciblées au code. - Les profils d'exécution vous guideront dans l'optimisation.

12. Intégration Continue : - Vous pouvez automatiser le profilage et le benchmarking en les intégrant à des systèmes d'intégration continue pour surveiller les performances au fil du temps.

13. Attention aux Micro-Optimisations : - Lors de l'optimisation, concentrez-vous sur les parties du code qui ont un impact significatif sur les performances plutôt que sur les micro-optimisations.

Le Style de Codage Idiomatique en Rust

Le style de codage idiomatique en Rust se réfère à l'ensemble de conventions et de bonnes pratiques qui sont suivies par les développeurs Rust pour écrire un code clair, lisible et efficace. Respecter ces conventions contribue à améliorer la maintenabilité du code et à favoriser une compréhension facile par d'autres développeurs. Voici un aperçu complet du style de codage idiomatique en Rust :

1. Suivre les Lignes Directrices de Rust :

- Le premier pilier du style de codage idiomatique en Rust est de suivre les recommandations officielles de Rust telles que décrites dans le Rust Programming Language Book.

2. Utiliser des Noms Significatifs :

- Choisissez des noms de variables, de fonctions et

de types descriptifs et significatifs pour améliorer la lisibilité du code.

- Utilisez la convention **snake_case** pour les noms de variables et de fonctions.

3. Indentation et Espacement :

- Respectez les conventions d'indentation de Rust en utilisant quatre espaces pour chaque niveau d'indentation.

- Utilisez un espace après les virgules dans les listes et les arguments de fonction, mais pas avant.

4. Organiser les Modules et les Fichiers :

- Structurez votre code en utilisant des modules pour regrouper des fonctionnalités connexes.

- Préférez un module par fichier, en utilisant des dossiers pour l'organisation.

5. Commentaires et Documentation :

- Ajoutez des commentaires explicatifs pour expliquer les parties complexes ou non triviales de votre code.

- Documentez vos fonctions, vos modules et vos types en utilisant des commentaires de documentation.

- Respectez les conventions Rust pour la documentation.

6. Gestion des Erreurs :

- Utilisez la gestion d'erreurs avec des résultats (**Result**) pour signaler et gérer les erreurs.

- Évitez d'utiliser des paniques pour les erreurs prévisibles.

7. Pattern Matching :

- Utilisez le pattern matching (**match**) pour traiter différentes conditions dans votre code de manière lisible.

8. Évitez la Mutation Inutile :

- Préférez les variables immuables chaque fois que cela est possible. Utilisez **let** plutôt que **let mut** si la variable ne change pas de valeur.

9. Ownership et Borrowing :

- Respectez strictement les règles de propriété (ownership) de Rust pour éviter les problèmes de gestion de la mémoire.

- Préférez le borrowing (emprunt) plutôt que la copie lorsque cela est possible.

10. Évitez l'Utilisation de unwrap() : - Évitez d'utiliser **unwrap()** sauf dans les cas où l'échec est inattendu ou impossible.

11. Conventions de Nommage pour les Traits : - Utilisez des noms de traits descriptifs et suivez la convention de nommage **CamelCase** pour les noms de traits.

12. Tests Unitaires : - Écrivez des tests unitaires pour vérifier le bon fonctionnement de votre code, en suivant les conventions Rust pour les tests.

13. Benchmarks : - Utilisez des benchmarks pour évaluer les performances de votre code lorsque cela est nécessaire.

14. Évitez les Types Non Utilisés : - Évitez de définir des types de données ou des fonctions qui ne sont pas utilisés dans le code.

15. Respectez les Conventions de la Communauté : - Suivez les conventions de codage de la communauté Rust pour garantir la cohérence du code avec les bibliothèques et les projets existants.

16. Révisez et Collaborer : - Faites réviser votre code par d'autres développeurs pour obtenir des commentaires et des suggestions d'amélioration. - Collaborez avec la communauté Rust en contribuant à des projets open source et en suivant les discussions sur les forums et les listes de diffusion.

Techniques d'Optimisation des Performances

L'optimisation des performances est un aspect crucial du développement logiciel qui vise à rendre votre code plus rapide, plus efficace en termes de mémoire, et globalement plus réactif. En Rust, vous disposez de nombreuses techniques pour optimiser les performances de votre application. Voici un aperçu complet des techniques d'optimisation des performances en Rust :

1. Mesurez Avant d'Optimiser :

- Avant de commencer à optimiser, mesurez les performances actuelles de votre application à l'aide d'outils de profilage tels que **cargo profile**, **perf**, ou des crates de benchmarking comme **criterion**.

- Identifiez les parties du code qui nécessitent réellement une optimisation.

2. Utilisez les Types de Données Efficacement :

- Choisissez les types de données adaptés à la tâche. Par exemple, utilisez des tableaux (**Vec**) lorsque la taille est variable et connue à la compilation, et des tableaux (**[T; N]**) pour une taille fixe et connue.

- Utilisez des collections appropriées pour minimiser l'allocation et la désallocation de mémoire.

3. Évitez la Copie Inutile de Données :

- Utilisez le borrowing (emprunt) plutôt que la copie de données chaque fois que cela est possible.
- Utilisez des références (**&**) pour éviter de transférer la propriété des données.

4. Limitez l'Allocation de Mémoire :

- Réduisez l'allocation et la désallocation de mémoire, car elles peuvent être coûteuses en termes de performances.
- Réutilisez les allocations lorsque c'est possible.

5. Utilisez le Trait Iterator :

- Utilisez les itérateurs pour parcourir et manipuler les collections de données, car ils offrent des performances optimales et une syntaxe concise.

6. Évitez les Tests Redondants :

- Évitez les tests redondants en réorganisant le code de manière à minimiser les vérifications conditionnelles.

7. Profilage et Benchmarking :

- Utilisez des outils de profilage et de benchmarking pour identifier les parties de votre code qui nécessitent une optimisation.
- Ne présumez pas où se trouvent les goulots d'étranglement ; mesurez-les.

8. Évitez les Copies Profondes Inutiles :

- Faites attention aux copies profondes (deep copies) qui dupliquent des structures de données entières.
- Utilisez des méthodes pour copier uniquement les

parties nécessaires des données.

9. Gestion des Threads :

- Utilisez la programmation multi-threading pour tirer parti des processeurs multi-cœurs.

- Rust offre une sécurité et une facilité d'utilisation pour la concurrence avec les threads.

10. Utilisez des Traits pour l'Abstraction : - Utilisez des traits pour définir des abstractions efficaces et génériques, permettant ainsi de réutiliser du code.

11. Évitez l'Utilisation Excessive de Macros : - Bien que les macros puissent être puissantes, elles peuvent rendre le code difficile à lire et à maintenir. - Utilisez-les avec parcimonie pour des tâches spécifiques.

12. Réduisez la Visibilité : - Limitez la visibilité des fonctions, des structures et des modules en utilisant **pub**, **pub(crate)**, etc., pour éviter des appels coûteux.

13. Éliminez les Paniques Inutiles : - Évitez d'utiliser **unwrap()** ou **expect()** lorsque l'échec est prévisible. - Utilisez plutôt la gestion d'erreurs avec **Result** ou **Option**.

14. Évitez la Réallocation Fréquente de Mémoire : - Utilisez des structures de données qui permettent l'ajout d'éléments sans réallocation constante de mémoire, comme **Vec** avec **reserve()**.

15. Cache-aware Programming : - Tenez compte de la hiérarchie du cache lorsque vous concevez des structures de données et des algorithmes pour réduire les pénalités de cache.

16. Utilisez des Crates Optimisés : - Recherchez des crates Rust bien optimisés pour des tâches spécifiques au lieu de réinventer la roue.

17. Testez Votre Code : - Testez régulièrement votre code pour vous assurer que les optimisations n'ont pas introduit de bogues.

18. Lisez et Appliquez la Documentation Rust : -
Familiarisez-vous avec les fonctionnalités Rust qui peuvent
aider à optimiser votre code, telles que les tableaux, les
itérateurs, les traits, etc.

Lecture et Interprétation des Messages du Compilateur

Lorsque vous développez en Rust, vous êtes presque certain
de rencontrer des messages du compilateur à un moment
donné. Ces messages sont générés par le compilateur Rust
(généralement Cargo) pour vous informer sur les erreurs,
les avertissements ou d'autres informations importantes
concernant votre code. Apprendre à lire et à interpréter
correctement ces messages est essentiel pour comprendre
les problèmes de votre code. Voici un aperçu complet sur
la lecture et l'interprétation des messages du compilateur
Rust :

1. Comprendre les Types de Messages :

- Les messages du compilateur Rust peuvent être de
  trois types principaux : erreurs, avertissements et
  notes.

- Les erreurs indiquent des problèmes qui
  empêchent la compilation.

- Les avertissements indiquent des problèmes
  potentiels ou des bonnes pratiques non suivies.

- Les notes fournissent des informations
  contextuelles pour mieux comprendre le
  problème.

2. Identifier l'Emplacement de l'Erreur :

- Chaque message du compilateur vous indique où
  se trouve le problème en fournissant le nom du
  fichier, le numéro de ligne et la colonne.

- L'emplacement est crucial pour localiser et résoudre l'erreur.

3. Lire le Message d'Erreur :

- Le message d'erreur est généralement très explicite et vous indique ce qui ne va pas.

- Lisez attentivement le message pour comprendre la nature de l'erreur.

4. Utiliser les Codes d'Erreur :

- Les messages du compilateur sont souvent accompagnés de codes d'erreur spécifiques, tels que **E001**, qui peuvent être utilisés pour rechercher des informations plus détaillées dans la documentation.

5. Suivre la Trace des Erreurs :

- En Rust, les erreurs peuvent être propagées à partir de fonctions appelées. Le message d'erreur indiquera la pile d'appels (backtrace) pour suivre la trace de l'erreur jusqu'à sa source.

6. Interpréter les Avertissements :

- Les avertissements ne sont pas des erreurs, mais des conseils pour améliorer votre code.

- Lisez-les attentivement et prenez-les en considération, car ils peuvent indiquer des problèmes potentiels.

7. Utiliser les Notes :

- Les notes fournissent des informations contextuelles supplémentaires pour aider à comprendre l'erreur ou l'avertissement.

- Les notes peuvent donner des conseils sur la résolution du problème.

8. Consulter la Documentation :

- Si vous ne comprenez pas un message particulier du compilateur, consultez la documentation en ligne de Rust.

- Rust a une documentation détaillée pour chaque erreur et avertissement courant.

9. Utiliser des Outils de Diagnostic :

- Utilisez des outils tels que **rustc** en mode "explain" pour obtenir des explications détaillées sur les messages d'erreur.

10. Éviter de Paniquer : - Les messages du compilateur peuvent sembler intimidants, mais gardez votre calme. - Les erreurs sont des opportunités d'apprentissage et d'amélioration de votre code.

11. Étape par Étape : - Si vous obtenez plusieurs erreurs, traitez-les une par une. Souvent, la correction d'une erreur peut résoudre les suivantes.

12. Révision et Tests Continus : - Une fois les erreurs corrigées, assurez-vous de réviser et de tester votre code pour vous assurer que les modifications n'ont pas introduit de nouveaux problèmes.

13. Collaboration : - Si vous ne parvenez pas à résoudre une erreur, n'hésitez pas à demander de l'aide à la communauté Rust. Des forums, des chats et des listes de diffusion sont disponibles.

Construction d'une Application en Ligne de Commande

La construction d'une application en ligne de commande est une compétence essentielle pour tout développeur. Cela vous permet de créer des outils et des utilitaires qui peuvent être utilisés en mode terminal ou intégrés dans des scripts. En Rust, vous pouvez créer des applications en ligne de commande robustes et performantes. Voici un aperçu complet du processus de construction d'une application en ligne de commande en Rust :

1. Définir les Objectifs de l'Application :

- Avant de commencer à coder, déterminez clairement l'objectif de votre application en ligne de commande.
- Quel problème résoudra-t-elle ? Quelles fonctionnalités devra-t-elle avoir ?

2. Configuration de l'Environnement de Développement :

- Assurez-vous que vous avez Rust et Cargo installés sur votre système.
- Créez un nouveau projet Rust à l'aide de la commande **cargo new nom_du_projet**.

3. Structure de Base du Projet :

- Dans votre projet, créez un fichier principal (généralement **main.rs**) qui servira de point d'entrée de votre application.
- Organisez votre code en modules pour une meilleure lisibilité.

4. Ajout de Dépendances :

- Utilisez Cargo pour gérer les dépendances de votre projet. Par exemple, pour gérer les arguments de ligne de commande, vous pouvez ajouter la dépendance **clap**.

5. Gestion des Arguments de Ligne de Commande :

- Utilisez la bibliothèque **clap** ou une autre bibliothèque similaire pour analyser et gérer les arguments de ligne de commande.
- Définissez les options, les sous-commandes et les

arguments nécessaires pour votre application.

6. Logique de l'Application :

- Implémentez la logique de votre application en fonction des arguments fournis.

- Structurez votre code de manière modulaire pour rendre le code plus lisible et maintenable.

7. Traitement des Erreurs :

- Gérez les erreurs de manière appropriée en affichant des messages d'erreur utiles.

- Utilisez des types **Result** pour signaler les erreurs et **expect** ou ? pour les gérer.

8. Interaction avec l'Utilisateur :

- Communiquez efficacement avec l'utilisateur en affichant des messages informatifs et en sollicitant des entrées si nécessaire.

9. Tests Unitaires :

- Écrivez des tests unitaires pour vérifier le bon fonctionnement de vos fonctions et de votre logique.

10. Documentation : - Documentez votre code en utilisant des commentaires de documentation pour aider les autres développeurs à comprendre son fonctionnement.

11. Compilation et Distribution : - Compilez votre application à l'aide de Cargo. Vous pouvez créer une version de développement avec **cargo build** et une version de production avec **cargo build --release**. - Distribuez votre application sous forme d'exécutable ou en partageant le code source.

12. Révision et Amélioration : - Passez du temps à réviser et à améliorer votre application en ligne de commande en fonction des retours des utilisateurs et des nouvelles fonctionnalités.

13. Utilisation de Crates : - Explorez les crates existants pour vous aider à ajouter des fonctionnalités à votre application sans réinventer la roue.

14. Prise en Charge de Différents Systèmes : - Assurez-vous que votre application fonctionne sur différentes plates-formes en utilisant les fonctionnalités multiplateformes de Rust.

15. Gestion de l'Interface Utilisateur : - Si votre application nécessite une interface utilisateur graphique (GUI), explorez des bibliothèques telles que **druid** ou **gtk-rs** pour créer une GUI en Rust.

Développer un Serveur Web en Utilisant un Framework Comme Actix ou Rocket

Le développement d'un serveur web est une compétence essentielle pour créer des applications web robustes et performantes. En Rust, vous avez le choix entre plusieurs frameworks web, dont Actix et Rocket, qui facilitent la création de serveurs web efficaces et sûrs. Voici un aperçu complet du processus de développement d'un serveur web en utilisant un framework tel qu'Actix ou Rocket en Rust :

1. Définir les Objectifs de l'Application Web :

- Avant de commencer à coder, identifiez clairement les objectifs de votre application web. Quelles fonctionnalités devra-t-elle avoir ? Quel sera son public cible ?

2. Configuration de l'Environnement de Développement :

- Assurez-vous d'avoir Rust et Cargo installés sur votre système.

- Créez un nouveau projet Rust à l'aide de la commande **cargo new nom_du_projet**.

3. Choix du Framework :

- Sélectionnez le framework web qui convient le mieux à votre projet. Actix et Rocket sont deux options populaires en Rust, chacune ayant ses avantages et ses inconvénients.

4. Structure de Base du Projet :

- Dans votre projet, organisez le code en modules pour une meilleure lisibilité.

- Créez un fichier principal (généralement **main.rs**) qui servira de point d'entrée pour votre serveur web.

5. Configuration du Serveur :

- Configurez les paramètres de base du serveur, tels que l'adresse IP et le port sur lesquels il écoutera les requêtes HTTP.

6. Routage et Gestion des Requêtes :

- Utilisez les fonctionnalités de routage du framework pour associer des URL à des gestionnaires de requêtes.

- Définissez des gestionnaires de requêtes pour traiter les différentes routes de votre application.

7. Modèles de Données :

- Définissez des structures de données pour représenter les modèles de votre application, tels que les utilisateurs, les articles, etc.

8. Intégration de la Base de Données (le cas échéant) :

- Si votre application nécessite une base de données, intégrez-la en utilisant des bibliothèques de base de données compatibles avec Rust, telles que Diesel.

9. Middleware et Fonctionnalités Additionnelles :

- Utilisez des middlewares pour ajouter des fonctionnalités telles que l'authentification, la gestion des sessions, la compression GZIP, etc.

10. Gestion des Réponses : - Générez et renvoyez des réponses HTTP en utilisant des bibliothèques appropriées pour générer des modèles HTML, JSON, etc.

11. Tests Unitaires et Tests d'Intégration : - Écrivez des tests unitaires pour vérifier le bon fonctionnement de vos gestionnaires de requêtes et de vos modèles de données. - Effectuez des tests d'intégration pour tester l'ensemble de votre application.

12. Middleware de Sécurité : - Utilisez des middlewares de sécurité pour protéger votre application contre les attaques courantes, telles que les injections SQL et les attaques XSS.

13. Gestion des Erreurs : - Mettez en place un mécanisme de gestion des erreurs pour gérer les erreurs de manière appropriée et renvoyer des réponses d'erreur conviviales.

14. Documentation : - Documentez votre code en utilisant des commentaires de documentation pour aider les autres développeurs à comprendre le fonctionnement de votre application.

15. Compilation et Distribution : - Compilez votre application à l'aide de Cargo. Vous pouvez créer une version de développement avec **cargo build** et une version de production avec **cargo build --release**. - Déployez votre application sur un serveur web en utilisant des outils tels que Nginx ou Apache comme proxy inverse.

16. Sécurité : - Gardez à l'esprit les meilleures pratiques de sécurité web pour protéger votre application contre les vulnérabilités.

17. Révision et Amélioration : - Révisez régulièrement votre code et effectuez des mises à jour pour inclure de nouvelles fonctionnalités ou résoudre des problèmes.

18. Prise en Charge de Différents Systèmes : - Assurez-vous que votre application fonctionne sur différentes plates-formes en utilisant les fonctionnalités multiplateformes de Rust.

19. Développement Collaboratif : - Si votre projet est développé en collaboration, utilisez des outils de gestion de versions tels que Git pour collaborer efficacement.

Création d'un Jeu Simple avec une Bibliothèque Graphique comme ggez

Créer un jeu est une expérience excitante qui permet de combiner la créativité et la programmation pour donner vie à un divertissement interactif. En Rust, vous pouvez créer des jeux en utilisant des bibliothèques graphiques telles que ggez, qui simplifient le processus de développement. Voici un aperçu complet du processus de création d'un jeu simple en utilisant une bibliothèque graphique comme ggez en Rust :

1. Définir le Concept du Jeu :

- Avant de commencer à coder, ayez une idée claire de ce que sera votre jeu. Quel sera le scénario, les règles et les objectifs ?

2. Configuration de l'Environnement de Développement :

- Assurez-vous d'avoir Rust et Cargo installés sur votre système.

- Créez un nouveau projet Rust à l'aide de la commande **cargo new nom_du_projet**.

3. Choisir une Bibliothèque Graphique :

- Sélectionnez une bibliothèque de jeux en Rust telle que ggez, qui offre des fonctionnalités de base pour la gestion des graphiques, de l'audio et des entrées.

4. Structurer le Projet :

- Organisez le projet en modules pour une meilleure lisibilité.

- Créez un fichier principal (généralement **main.rs**) qui servira de point d'entrée de votre jeu.

5. Configuration de la Fenêtre du Jeu :

- Configurez les paramètres de base du jeu, tels que la résolution de la fenêtre, le titre du jeu, etc.

6. Créer les Éléments du Jeu :

- Définissez les éléments de votre jeu en tant que structures de données, tels que le joueur, les ennemis, les objets, etc.

7. Chargement des Ressources :

- Chargez les images, les sons et autres ressources nécessaires à votre jeu à l'aide de la bibliothèque ggez.

8. Gestion des Entrées :

- Utilisez les fonctionnalités de ggez pour gérer les entrées de l'utilisateur, telles que les touches du clavier et la souris.

9. Logique du Jeu :

- Implémentez la logique du jeu en fonction des interactions de l'utilisateur. Cela peut inclure la gestion des collisions, des scores, des niveaux, etc.

10. Dessiner les Éléments : - Utilisez ggez pour dessiner les éléments du jeu à l'écran, en mettant à jour les graphiques à chaque frame.

11. Animation : - Animez les éléments du jeu en modifiant leurs positions ou leurs apparences au fil du temps.

12. Sons et Musique : - Intégrez des effets sonores et de la musique pour améliorer l'expérience du jeu en utilisant les fonctionnalités audio de ggez.

13. Gestion des États : - Implémentez la gestion des états du jeu, tels que l'écran de démarrage, l'écran de jeu et l'écran de fin.

14. Tests et Débogage : - Écrivez des tests pour vous assurer que les fonctionnalités du jeu fonctionnent correctement. - Utilisez les outils de débogage pour identifier et corriger les problèmes éventuels.

15. Documentation : - Documentez votre code en utilisant des commentaires de documentation pour aider les autres développeurs à comprendre le fonctionnement du jeu.

16. Compilation et Distribution : - Compilez votre jeu à l'aide de Cargo. Vous pouvez créer une version de développement avec **cargo build** et une version de production avec **cargo build --release**. - Distribuez votre jeu en tant qu'exécutable ou partagez-le en tant que fichier exécutable autonome.

17. Révision et Amélioration : - Passez du temps à réviser et à améliorer votre jeu en fonction des retours des joueurs et des nouvelles fonctionnalités.

18. Prise en Charge de Différents Systèmes : - Assurez-vous que votre jeu fonctionne sur différentes plates-formes en utilisant les fonctionnalités multiplateformes de Rust.

19. Développement Collaboratif : - Si votre projet est développé en collaboration, utilisez des outils de gestion de versions tels que Git pour collaborer efficacement.

CONCLUSION

En conclusion, Rust transcende les frontières de la programmation traditionnelle en offrant un équilibre parfait entre la robustesse du code et la créativité du développeur. Avec son système novateur de propriété, d'emprunt et de durées de vie, Rust garantit non seulement des logiciels plus sûrs et plus performants, mais ouvre également la voie à de nouvelles possibilités de développement parallèle et concurrentiel. Que vous soyez un vétéran chevronné ou un novice curieux, Rust vous tend la main pour créer des applications solides et évolutives. Plongez-vous dans l'univers de Rust et découvrez comment ce langage révolutionnaire façonne l'avenir de la programmation, en combinant rigueur et inventivité d'une manière inédite. Alors, n'hésitez plus : rejoignez la communauté Rust et embarquez pour un voyage où la qualité du code rencontre l'innovation sans limites.